Dalmatiner

Horst Bielfeld

Dalmatiner

Auswahl · Haltung · Erziehung · Pflege

FALKEN

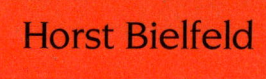

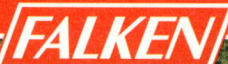

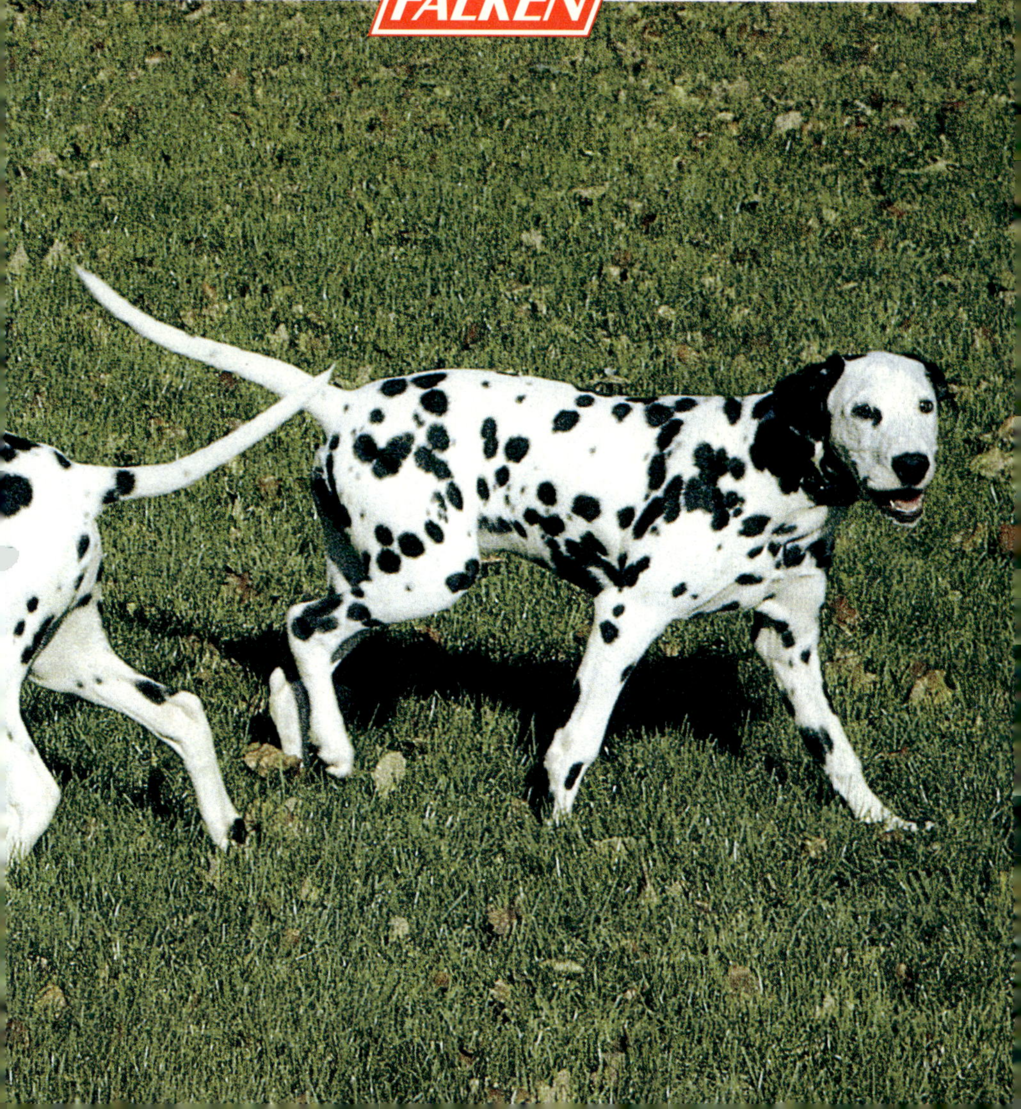

Inhalt

Wichtiges auf einen Blick

Wunderbarer Freund und Begleiter

Der Dalmatiner heute ...

Der Dalmatiner ist mit seinem rein weißen Fell und den schwarzen (oder leberbraunen) Flecken, die möglichst gleichmäßig in der Größe eines Zehnpfennig- bis Fünfmarkstücks verteilt sein sollen, ein unverwechselbarer, ausgesprochen aparter und auffälliger Hund. Ob er mehr oder weniger Flecke hat, spielt bei diesem Hund keine Rolle und ist Geschmackssache. Nur ineinanderlaufen sollen die Flecke möglichst nicht. Oft weisen die Ohren, Behänge genannt, mehr Schwarz auf, das Gesicht jedoch mehr Weiß. Die Säbelrute wird in schönem Aufwärtsbogen getragen und weist häufig auch noch ein paar kleine Tupfen auf.
Seine hochläufige, schlanke Erscheinung läßt ihn sehr elegant wirken. Doch sein Naturell ist eher das eines schlichten Hundes. Auf jeden Fall bilden weder er (wie sollte er das?) noch seine Menschen sich auf sein besonderes Aussehen etwas ein. Zumindest habe ich das bei keinen Dalmatinerhaltern bemerkt, die kennenzulernen ich die Freude hatte. Sie waren vielmehr offene, freundliche Menschen, geradeso wie ihre bezaubernden Hunde.

... und seine Geschichte

Die Herkunft des Dalmatiners ist ungewiß, und es werden viele Legenden um sein Woher gesponnen. So wird zum Beispiel gemeint, er habe seinen Ursprung im indischen Bengalen, worauf auch die Namen Bengalischer Bracke oder „Tigerhund" hinweisen. Selbst der französische Name „Braque de Bengale" durch die F.C.I., dem Welthundeverband, nimmt Bezug auf diese indische Herkunft. Allerdings hat der Verband Dalmatien im ehemaligen Jugoslawien die Herkunft zugesprochen. Die frühesten konkreten Hinweise auf seine Existenz an der Adria stammen von Bildern italienischer Maler aus dem 16. Jahrhundert. Auf eine jugoslawische Heimat weist auch der Name Ragusanischer Bracke hin. Ein Episkopus Petrus Bakich soll 1719 Aufzeichnungen aus dem Jahr

Das braungefleckte Fell der Dalmatiner wurde durch Mutation bewirkt

1374 erwähnt haben, in dem ein „canis dalmaticus" als weißer, schwarz- oder braungefleckter Jagdhund von der Größe unseres heutigen Dalmatiners aufgeführt wurde. Dort ist er offenbar dem Wild auf dessen Fährte gefolgt und hat es gestellt. Durch sein unterschiedliches Bellen ließ er die nacheilenden Jäger wissen, welchem Wild er folgte, wo es sich befand und ob er es bereits gestellt hatte.

Sowohl mit dem aus Spanien stammenden Pointer wie auch mit östlichen Laufhunden, von denen eine ganze Reihe in Ländern von Griechenland bis Polen lebt, hat er Ähnlichkeit im Körperbau und der sonstigen Erscheinung. Da sich diese Rassengruppen gegenseitig entwickelt haben, kann sehr wohl auch der Dalmatiner dabei herausgezüchtet worden sein. Allerdings scheint er das weiße Fell mit den vielen schwarzen oder brau-

Früher lebten die Dalmatiner bei den Pferden im Stall

nen Flecken schon sehr früh durch eine Mutation (sprunghafte Veränderung bestimmter Gene, und damit vererbbar) erworben zu haben. Diese Mutation vererbt dominant, denn unter den Mischlingen, die aus Verbindungen mit anderen Hunden entstehen, sind etwa zur Hälfte solche mit geflecktem Haarkleid. Ferner ist die schwarzgetüpfelte Form dominant über die braungetüpfelte, was erklärt, warum letztere viel seltener zu sehen ist.

Schon aus dem alten Ägypten sind Bildnisse solcher weißen Hunde mit dunklen Tupfen überliefert, die auch im Körperbau den Pharaonenhunden ähnelten. Vielleicht sind die getüpfelten Hunde aus ihnen schon vor Jahrtausenden entstanden und durch Zucht vermehrt worden. Da die Ägypter und nach ihnen die Karthager, Griechen und Römer die Welt rund ums Mittelmeer und bis nach Indien beherrschten, nahmen sie die Hunde mit den schwarzen Flecken als Geschenke zu Oberhäuptern ihnen genehmer Völker mit. Auf diese Weise kamen die seltenen und hochgeschätzten Hunde auch nach Dalmatien. Jedoch auch hier waren sie zeitweise selten.

Dieses Kommen und Gehen im Lauf der Geschichte hat sich für den gefleckten Hund durch die Jahrhunderte in verschiedenen Ländern fortgesetzt. Gemälde, die im 16. Jahrhundert in Italien entstanden, zeigen Hunde, die dem heutigen Dalmatiner so ähnlich sehen, daß man sie als seine direkten Vorfahren annehmen kann. Ob er früher Stöberer, Fährten-, oder Vorstehhund gewesen ist, weiß man ebensowenig, obwohl die Bilder ihn oft bei Jagdszenen zeigen. Andere Quellen sehen in ihm den früheren Wach- und/oder Hütehund. Daß er zu allem Genannten imstande wäre, ist unbestreitbar, denn die Fähigkeiten für die genannten Aufgaben würde er auch heute spielend erbringen.

Im Altertum dienten Dalmatiner als fürstliche Geschenke für Oberhäupter exotischer Völker

Der Dalmatiner als Begleiter von Kutschen

Im Jahr 1791 erschien unser gefleckter Hund erstmals unter seinem jetzigen Namen, nämlich in der „History of Quadrupeds" (Geschichte der Vierbeiner) des Engländers Thomas Bewick. Er illustrierte sein Werk mit Holzschnitten, die den Dalmatiner als Begleiter von Reitern und einer Kutsche zeigen. So nannte er den Hund „Dalmatian Dog" oder „Coach Dog". Seine Unterkunft waren die komfortablen Ställe der edlen Pferde.

Verspielt miteinander raufen ist eine Lieblingsbeschäftigung junger Dalmatiner

Dalmatiner sind an Pferde gewöhnt und laufen bei Ausritten gern mit

Nach seinen uns nicht bekannten Urzeiten kam also seine „Karriere" im 18. und 19. Jahrhundert als pferdefreundlicher Hund in Frankreich und England, teils auch im Hannoverschen und am Braunschweiger Hof. Er wurde sowohl als Meutehund gehalten, als auch zum Begleithund prächtiger Kutschen auserkoren. Dies belegen eindeutig Bildnisse aus jener Zeit in großer Zahl. Hier kann man also sicher sein, daß es sich um Vorfahren unseres Dalmatiners gehandelt hat, ja, daß er sich in all dieser Zeit kaum verändert hat.

Hund der Feuerwehren

Bald gehörten die Dalmatiner auch zum „Personal" der Pferdefeuerwehren. Oft liefen sie voran, nebenher,

oder auch unter den Achsen der Löschwagen. Diese Tradition wurde in Nordamerika fortgesetzt, und viele zeitgenössische Abbildungen zeigen den Dalmatiner, wie er neben dem Kutscher auf dem Bock sitzt. Er war von den Feuerwehren bald nicht mehr fortzudenken, so daß er sogar "Firehouse Dog" genannt wurde. Selbst als die Feuerwehren motorisiert wurden, gehörte der Dalmatiner aus Tradition und als Maskottchen noch lange Zeit dazu.

Seine Liebe zu den Pferden hat er bewahren können, und so wird der Dalmatiner auch heute gern zusammen mit Reitpferden gehalten. Es ist ideale Bewegung für ihn, mitzulaufen, wenn sein Herrchen oder Frauchen ausreiten.

10

Kleines Rasseportrait

F.C.I.-Standard

Festgelegt durch die Fédération Cynologique Internationale, kurz F.C.I. genannt, datiert der gültige Standard für den Dalmatiner vom 25. 9. 1992, aktualisiert am 14. 9. 1994. Er hat folgenden Inhalt:

◆ **Ursprung:**
Dalmatien, kroatische Republik.

◆ **Verwendung:**
Begleithund. Familienhund. Geeignet zur Abrichtung als Begleit- und Sanitätshund.

◆ **Klassifikation F.C.I.:**
Gruppe 6: Laufhunde, Schweißhunde und verwandte Rassen.
Sektion 3 (Verwandte Rassen ohne Arbeitsprüfung) (so in der Schweiz), Gruppe 9: Gesellschafts- und Begleithunde (so in Deutschland).

◆ **Allgemeines Erscheinungsbild:**
Der Dalmatiner ist ein augenfällig getupfter, starker, muskulöser und lebhafter Hund. Er ist symmetrisch in seinen Umrissen, frei von Grobheiten und Schwerfälligkeiten und fähig, mit großer Ausdauer schnell zu laufen.

◆ **Verhalten und Charakter:**
Angenehmes Wesen, freundlich, nicht scheu oder zurückhaltend und frei von Nervosität und Aggressivität.

◆ **Kopf und Schädel:**
Der Kopf ist von guter Länge. Der Schädel soll flach, zwischen den Ohren am breitesten und an den Schläfen gut geformt sein. Er soll einen deutlichen Stop aufweisen. Falten sind unerwünscht. Der Fang ist lang und kräftig und darf spitz zulaufen. Die Lefzen sollen eng am Kiefer anliegen und nicht überhängen. Die Nase ist beim schwarz getupften Farbschlag immer

Dalmatiner haben keine Probleme mit Gesichtsfalten

schwarz und beim braun getupften Farbschlag entsprechend braun.

◆ **Fang und Gebiß:**
Kräftige Kiefer mit perfektem, regelmäßigem und vollständigem Scherengebiß.

◆ **Augen:**
Die Augen sollen mäßig auseinander liegen und von mittlerer Größe sein; rund, klar und funkelnd, mit einem intelligenten Ausdruck. Beim schwarz getupften Farbschlag müssen die Augen dunkel und beim braun getupften mittelbraun bis bernsteinfarbig sein. Die Lidränder sind beim schwarz getupften Farbschlag durchgehend

schwarz oder sehr dunkel und beim braun getupften Farbschlag durchgehend braun.

◆ **Behang:**
Die Ohren sind hoch angesetzt, von mittlerer Größe und ziemlich breit im Ansatz. Am Kopf anliegend getragen, werden sie allmählich schmäler bis zu ihrer abgerundeten Spitze. Sie sind dünn und fein in ihrer Struktur und gut getupft.

◆ **Hals:**
Der Hals soll mäßig lang, gut gewölbt und leicht sein. Er soll zum Kopf hin schmaler werden und ganz ohne Wamme sein.

◆ **Körper:**
Die Brust soll tief und geräumig sein.
Die Rippen sind gut gewölbt und vom
Widerrist gut abgesetzt. Der Rücken ist
kraftvoll und gerade und die Lenden
stark bemuskelt und leicht gewölbt.
◆ **Rute:**
Ungefähr bis zum Sprunggelenkhöcker
reichend, kräftig am Ansatz und gegen
das Ende gleichmäßig dünner wer-
dend und keinesfalls grob. Die Rute
soll weder zu tief noch zu hoch angesetzt sein. Leichte Aufwärtsbiegung,
aber keinesfalls geringelt. Tupfen sind
erwünscht.

Gliedmaßen
◆ **Vorhand:**
Die Schultern sollen leicht schräg und
trocken bemuskelt sein. Die Ellbogen
müssen eng am Körper anliegen. Die
Vorderläufe sind völlig gerade, stark-
knochig und kräftig. Die Vorderfuß-
Wurzelgelenke sollen Elastizität zeigen.
◆ **Hinterhand:**
Muskeln stark entwickelt und gut
sichtbar. Kniegelenke gut entwickelt.
Leicht angewinkelte Sprunggelenke.
Von hinten gesehen sind die Läufe
parallel.
◆ **Pfoten:**
Rund, fest, mit gut gewölbten Zehen
(Katzenpfoten) und runden, zähen,
elastischen Ballen. Die Zehennägel

Der Fang des Dalmatiners ist lang und kräftig

sind schwarz oder weiß beim schwarz
getupften Farbschlag, beziehungs-
weise braun oder weiß beim braun
getupften.
◆ **Gangwerk, Bewegung:**
Völlig gelöster Bewegungsablauf und
regelmäßige, kraftvolle, rhythmische
Bewegung mit ausgereiftem Schritt.
Von hinten gesehen bewegen sich die
Läufe parallel, die Hinterhand in die
Spur der Vorderhand tretend. Kurze
Schritte und paddelnde Bewegung
sind fehlerhaft.

Fell, Größe und Gewicht
◆ **Haarkleid:**
Kurz, hart, dicht, glatt und glänzend.
◆ **Farbe:**
Die Grundfarbe ist rein weiß. Tief-
schwarze Tupfen beim schwarzen
Farbschlag und leberbraune beim

braunen Farbschlag. Die Tupfen sollen nicht ineinander laufen, rund, klar begrenzt und gut verteilt sein. Die Größe soll zwei bis drei Zentimeter im Durchmesser betragen. Die Tupfen am Kopf, an der Rute und an den Gliedmaßen sollen kleiner sein.

◆ *Größe/Gewicht:*
Die Ausgewogenheit der Proportionen ist von hoher Bedeutung.

Große Rüden
56–61 cm, Idealgrößen 58–59 cm.

Hündinnen
54–59 cm, Idealgrößen 56–57 cm.

Idealgewicht
Rüden: ca. 27 kg.
Hündinnen: ca. 24 kg.

Fehler

Jede Abweichung von den vorgenannten Punkten muß als Fehler angesehen werden, dessen Bewertung im genauen Verhältnis zum Grad der Abweichung stehen soll.

◆ *Zuchtausschließende Fehler:*
Platten, Monokel, Dreifarbigkeit (schwarze und braune Tupfen auf demselben Hund), Lemon (zitronenfarbige bzw. bronzierte Tüpfelung).

◆ *Andere Pigmentfehler:*
Blau- und Birkauge, ausgesprochener Vor- und Rückbiß, Taubheit, Entropium, Ektropium, ausgesprochen ängstliches oder aggressives Verhalten.

Gerader Rücken und stark bemuskelte Lenden sind charakteristisch

N. B.: Rüden müssen zwei offensichtlich normal entwickelte Hoden aufweisen, die sich vollständig im Hodensack befinden.

Charakter und Wesen

Der Dalmatiner ist von freundlicher, aufgeschlossener Art. Er ist treu, anhänglich und sehr lieb, aber auch sensibel. Die Stimmung seiner Menschen überträgt sich leicht auf ihn. Da er aber von fröhlicher Natur ist, reißt er mit seiner guten Laune meistens auch sein Herrchen und Frauchen mit. Auch hat er ein sehr gutes Gespür dafür, wer es mit seinen Menschen und ihm gut meint. Diesen Personen ist er stets freundlich zugetan. Auch schlechte Behandlung vergißt er nicht.

Er zieht sich dann eher zurück und trauert. Selbst bösartige Fremde meidet er eher als daß er sie angreift. Angst kennt er jedoch nicht und weiß sich und seine Familie zu verteidigen, kommt Ungemach oder Gefahr auf sie zu. Doch nie ist er aggressiv oder scharf, allerdings ob seiner Größe schon ein guter Wachhund. Im Haus schlägt er kurz an, wenn jemand zu melden ist, wartet dann gelassen ab.

Unser Tip

Der Dalmatiner braucht keine besondere Erziehung oder Ausbildung. Die zum verkehrssicheren Begleithund sollte er allerdings erhalten (siehe „So wird er verkehrssicher" auf Seite 51/52).

Scheu und unzugänglich zeigt sich der Dalmatiner nur, wenn er im Welpenalter zu wenig Kontakt zu Menschen hatte (Zwingerhund), oder wenn er von Leuten gehalten wird, die ihn hart erziehen und vom Umgang mit Menschen fernhalten. Seiner natürlichen Veranlagung entsprechend sollte er von klein an Kontakt zu freundlichen Menschen bekommen. Auch seine Verspieltheit, insbesondere Kindern gegenüber, kann schon im frühen Welpenalter gefördert werden.

Der lachende Dalmatiner

Wenn man den Dalmatiner betrachtet und etwas von seinem Wesen erkennt oder erspürt, merkt man, daß er sich seiner Kraft, Ausdauer und Intelligenz so bewußt ist, daß dabei eine fröhliche Gelassenheit oder gelassene Fröhlichkeit herauskommt.

In der Tat lacht der Dalmatiner seinen Besitzer ganz spontan und freundlich

Der Dalmatiner ist genügsam und ein guter Futterverwerter

bei passenden Gelegenheiten an. Auch Freunde und Bekannte, die er mag, bekommen ein Begrüßungslächeln mit gekräuselten Oberlippen (was hier angebrachter ist als das Wort Lefzen). Dieses Lächeln ist stets so flüchtig, daß es mir bisher nur mangelhaft gelungen ist, es im Foto festzuhalten.

Körperbau

Dalmatinerrüden erreichen 30 kg Gewicht und eine Schulterhöhe von 55 bis 62 cm, Hündinnen bringen es immerhin auf 25 kg und 50 bis 60 cm Höhe. Ihr Körper hat mit dem eines Pharaonenhundes, Greyhounds oder *Podenco ibicenco* Ähnlichkeit, von denen letzterer häufig neben braunen Platten auch zahlreiche braune Tupfen im weißen Haarkleid aufweist.
Der Dalmatiner besitzt einen sehr ähnlichen Körper wie diese Hunde, mit starkem Rücken, tiefem Brustkorb und aufgezogenem Bauch. Seine Gliedmaßen sind gerade und schlank , mit starken Sehnen und Muskeln, die ihn zu fast unermüdlichem Laufen befähigen. Wegen seines kurzen, faltenlosen Fells braucht er nach Anstrengung weit weniger Kühlung als Hunde mit längerem Haar. So ist er selten mit heraushängender, triefender Zunge zu

Dalmatiner-Hündin „lacht" ihre Besitzerin an

sehen. Sein Kopf ist lang und flach mit einem guten, aber nicht zu stark ausgeprägtem Stop.

Wichtig: Bei viel Bewegung und richtiger Ernährung bleibt der Dalmatiner schlank und ist langlebig.

Der auf Seite 1 abgebildete Rüde ist 15 Jahre alt geworden, und auch 16 Jahre sind mehrfach erreicht worden. Das ist ein hohes Alter, stellt jedoch keine ganz große Ausnahme dar. Dalmatiner sind vital und in der

Regel völlig gesund. Manche Hunde neigen zur Bildung von Harnsteinen oder Ekzemen durch zuviel Harnsäure im Blut.

Ganz wenige Welpen sind von Geburt an taub, was mit dem Weißfaktor in den genetischen Erbanlagen zusammenhängt. Da diese Taubheit früh im Welpenalter erkannt wird, könnte das Einschläfern für sie am besten sein. Ein Hund ohne Gehör ist beinahe so schlecht dran, wie einer ohne Geruchssinn, sind dies doch seine wichtigsten Sinne. Daß man den Dalmatiner früher manchmal für dumm hielt, ist wahrscheinlich auf die nicht erkannte Taubheit zurückzuführen.

Sinnesleistungen

Der Dalmatiner hat eine feine Nase, die bekräftigt, daß er in seiner Vergangenheit für lange Zeit zur Familie der Lauf- und Schweißhunde gehört haben mag. Auch sein Gehör ist mehr als guter Hundedurchschnitt. Sein Sehvermögen hat dagegen außergewöhnlich hervorragende Qualitäten. Das läßt sich sowohl beim spielerischen Ergreifen von Bällen und anderem Spielzeug erkennen, als auch an der Fähigkeit des Dalmatiners zum Weitsehen. Sollte hier das Erbe der Ursprungs- und Windhunde erkennbar werden, die sich in ihrer Mehrzahl bei der Jagd vom Gesichtssinn leiten lassen?

Überlegungen vor dem Kauf

Ein Dalmatiner soll es sein!

Der Kauf eines Dalmatiners darf nicht spontan erfolgen.

Wichtig: Es sollte vorher genau überlegt werden, ob Sie über den ersten Enthusiasmus hinaus die Zeit, den finanziellen Aufwand und die uneingeschränkte Liebe aufbringen beziehungsweise bewahren können.

Bestehen einige Zweifel, dann sollten Sie vom Kauf absehen. Es könnte in den nächsten Jahren viele Veränderungen in Ihrem Leben geben, was Beruf, familiäres Leben, Wohnort und Wohnart betrifft. Der Hund darf bei diesen persönlichen Zielen und Wünschen nicht an letzter Stelle stehen, sondern muß unabdingbar zu Ihnen gehören. Er ist, fast nicht überspitzt ausgedrückt, Teil Ihres Ichs, sollte, wie dieses, unveräußerlich sein, worauf Sie sich für die nächsten 15 Jahre mit Freuden einstellen sollten, denn Dalmatiner sind, zur Freude ihrer Liebhaber, eine langlebige Rasse. Sie sind von großer Vitalität bis ins hohe Alter.

Zum finanziellen Aufwand gehört nicht nur der Kaufpreis für den Hund. Seine Ernährung schlägt nicht hoch zu Buche, denn er ist genügsam und ein guter Futterverwerter. Doch bedenken Sie auch die Versicherung, die Hundesteuer und gelegentlichen Tierarztkosten. Hierfür gibt es inzwischen eine Krankenversicherung, falls Ihr Dalmatiner einmal ernsthaft erkranken sollte.

Dieser vier Monate alter Dalmatiner ist Zärtlichkeiten sehr zugetan

Voraussetzungen, die Sie mitbringen müssen

Wenn Sie sich mit der Anschaffung eines Dalmatiners befassen, sollten Sie sich zuerst prüfen, ob Sie die Voraussetzungen für eine Haltung überhaupt und jederzeit erfüllen können und wollen. Der kleine Hund mag Ihnen anfangs viel Freude bereiten, doch er wird groß und er verlangt Ihnen stets viel Zeit, Energie und auch finanzielle Opfer ab. Es ist also gut, wenn Sie sich vor dem Kauf ehrlich selbst prüfen, ob

Mami, ich kann schon alleine!

Übersicht	*Kosten*		
	einmalig	**jährlich**	**monatlich**
◆ *Kaufpreis*	*ca. 1500 DM*		
◆ *Grundausstattung*	*ca. 300 DM*		
◆ *Impfung und Wurmkur*		*ca. 200 DM*	
◆ *Hundesteuer*		*50–150 DM*	
◆ *Haftpflicht*		*80–200 DM*	
◆ *Krankenversicherung*		*80–200 DM*	
◆ *Tierarzt-Rücklage (statt Versicherung)*			*ca. 40 DM*
◆ *Ernährung*			*ca. 100 DM*

Sie zu allem bereit sind, was bei der Haltung auf Sie zukommen wird oder könnte.

Leben Sie in einer (Ehe)-Gemeinschaft und haben vielleicht auch Kinder, sollten alle Familienmitglieder mit der Anschaffung eines Hundes einverstanden sein. Sie werden ja Teil des „Rudels" sein. Ob bei Ihnen oder einem Familienmitglied eine Allergie gegen Hundehaare bestehen könnte, sollten Sie ebenfalls durch einen Hautarzt klären lassen. Es wäre schade, auch für den Hund, wenn er nach

kurzer Zeit abgeschafft werden müßte. Das gilt auch für berufliche Pläne, die Ihnen immer weniger Zeit für den Hund lassen, er unter der Vernachlässigung leidet und schließlich „in gute Hände" abgegeben oder eingeschläfert werden muß.

Zeit- und finanzieller Aufwand

Der Zeitaufwand für einen Welpen ist enorm. In den ersten Wochen der Erziehung zur Stubenreinheit und zum Grundbenimm in der Menschengesellschaft sollten Sie ganztags und

Auch kleine Dalmatiner werden eines Tages groß ...

...und verlangen von ihren Besitzern viel Zeit und finanzielle Opfer

**Keine Angst, wir sind doch haft-
pflichtversichert!**

schwerwiegender Erkrankungen die
unter Umständen hohen Kosten nicht
selbst tragen zu müssen, sollten Sie
eine Krankenversicherung für Ihren
Hund abschließen (vergleiche die
Übersicht auf Seite 20).

Steuer und Haftpflicht-Versicherung

Ab dem Alter von drei oder vier
Monaten sind für den Hund Steuern
zu zahlen. Diese werden von der
Gemeinde erhoben und können
darum unterschiedlich in der Höhe
sein. In Großstädten ist sie in der
Regel höher als in kleinen Gemeinden.
Eine Ermäßigung oder Befreiung von
der Hundesteuer können nur Behin-
derte und aktive Züchter erwarten.
Sobald Sie den Hund ins Haus genommen haben, sollten Sie eine Haft-
pflicht-Versicherung abschließen. Diese
ist von Anfang an notwendig, denn es
könnte durch den Welpen zu einem
Verkehrsunfall kommen, bei dem
neben beträchtlichem Sachschaden
auch Personen verletzt werden. Ohne
Versicherung könnten Sie in solch
einem Fall ruiniert sein. Auch wenn
das teure Kleid einer Bekannten einen
Riß erhält oder eine wertvolle Vase
beim Spielen zu Bruch geht, könnte
das schon richtig Geld kosten. Also
Haftplicht vom ersten Tag an!

auch nachts da sein. Es ist natürlich
gut, wenn man sich diese Betreuung
des Junghundes zu zweit oder mehre-
ren teilen kann. Zwar braucht der
junge Hund viel Schlaf, also Ruhe,
doch wenn er munter ist, müssen Sie
es auch sein. In diese Zeit fällt die Ent-
scheidung über den Erfolg oder Mißer-
folg der Erziehung.
Der finanzielle Aufwand für einen Dalmatiner ist relativ gering für einen
solch großen Hund. Er ist genügsam
und pflegeleicht. Doch Versicherung,
Hundesteuern und gewisse regelmäßige Tierarztkosten müssen auch
eingeplant werden. Um im Falle

Checkliste	*Grundausstattung*

◆ *Körbchen oder Karton; Körbchen erst nach der Zerkauphase*

◆ *Futter- und Trinkwassernapf, schwer und umwerfsicher*

◆ *Halsband und Leine*

◆ *Noppenbürste oder -handschuh für die Fellpflege*

◆ *Zahnbürste und Hundezahnpasta*

◆ *Krallenzange oder Feile*

◆ *Kauknochen für die Zahnpflege*

◆ *Spielzeug*

◆ *Schutznetz oder Anschnallgurt für den im Auto mitfahrenden Hund*

Wichtig: Ein Schild an der Garten-
pforte angebracht, das vor dem Hund
warnt, entbindet Sie nicht von der
Haftpflicht, wenn etwas passiert. Es
kann allenfalls eine geringe Mitschuld
der Person bewirken, die das Grund-
stück betritt. Dies haben Gerichte so
entschieden.

Auswahl des Züchters

Nachdem Sie sich für einen Dalmati-
ner entschieden haben, kommt die
Suche nach Ihrem vierbeinigen neuen
Familienmitglied in Betracht. Gewiß

*Auch auf schwankendem Boden
beweist der Dalmatiner Stehvermögen*

werden Sie Dalmatinerhalter angesprochen und Ihr Interesse an der Rasse kundgetan haben. Oft erhalten Sie so schon die Adresse einer Züchterin, eines Züchters. Sonst stehen Verkaufsanzeigen in den Wochenendausgaben der Tageszeitungen, gelegentlich auch eine mit Dalmatinerwelpen. Wenn Sie sich schon etwas auskennen und Hundeschauen besucht, eine Fachzeitschrift oder ein Fachbuch gelesen haben, werden Sie auf Anschriften der Hundezucht-Verbände oder Dalmatiner-Clubs stoßen. Unter deren Anschriften finden Sie stets die Adresse eines Vorstandsmitglieds, das die Welpenvermittlung übernimmt. Dort kann Ihnen gesagt werden, welcher Züchter des Verbands oder Clubs zur Zeit Welpen abzugeben hat.

Was zeichnet einen seriösen Züchter aus?

Kaufen Sie Ihren Dalmatinerwelpen nur bei einer Züchterin oder einem Züchter, wo die Hunde in echtem Familienverband leben.
Dort gehören die Hunde zum Rudel, haben ihren festen Platz innerhalb der Familie und werden liebevoll gehalten.

19 Tage alter Welpe kehrt von seinem ersten Ausflug zurück

Hier wache ich! – Nur 26 Tage alt, aber das Bellen klappt schon.

Die Zucht ist für solche Leute eine Liebhaberei, und sie haben dabei kein Profitdenken im Sinn.

Wichtig: Die Hunde müssen gegenüber Besuchern von Anfang an freundlich wirken. Es gibt nämlich auch unter Liebhaberzüchtern verschlossene und eigenbrötlerische Menschen. Deren Wesen überträgt sich auch auf die Hunde. Und haben die Welpen vor dem Verkauf kaum Kontakt zu fremden Menschen, wird es mit der Erziehung länger dauern und sich schwieriger gestalten.

Wo sollte man nicht kaufen?

Auf keinen Fall sollten Sie einen Welpen bei Leuten kaufen, die eine Anzahl von Hündinnen in Zwingern halten. Hier fehlt der Kontakt zu Menschen fast völlig und die Welpen haben es schwer, in eine Menschengesellschaft integriert zu werden. Auf jeden Fall kostet es viel Mühe. Oft haben solche Vermehrer nicht nur Dalmatinerwelpen anzubieten, sondern auch welche anderer Rassen, die gerade in Mode, also gefragt sind. Bei entsprechender Nachfrage kaufen sie sogar Nachschub an Welpen aus „Ver-

mehrungsanstalten" im In- und Ausland auf.

Auch aus dem Schaufenster von Kaufhäusern oder des Zooladens heraus dürfen Sie keinen jungen Hund kaufen, auch wenn er Ihnen noch so leid tut. Die Welpen hier und aus den Zwingern sind oft nicht geimpft oder entwurmt. Natürlich dürfen Sie sich auf keinen Fall einen Dalmatiner schicken lassen, „mit Umtauschrecht", wie in den Annoncen schmackhaft gemacht wird. Auch wenn sie Papiere

haben, sind es oft gefälschte oder selbst gefertigte von Organisationen, die es gar nicht gibt.

Augen auf beim Welpenkauf!

Haben Sie sich für eine seriöse Züchterin oder Züchter entschieden, bei der oder dem Sie den Welpen kaufen möchten, wird dieser Ihnen von sich aus die Vorzüge und womöglichen

Nachteile der einzelnen Tiere erklären. Es zeigt sich schon im Alter von sechs bis acht Wochen, welcher Hund zurückhaltender, verschmuster oder draufgängerischer sein wird.
Sie werden die Papiere der Mutterhündin einsehen können, manchmal auch die des Rüden. Nach Abnahme durch den Zuchtwart, wenn die Welpen sieben oder acht Wochen alt sind, braucht es noch vier bis sechs Wochen, bis Sie die Papiere erhalten. Sie sind sein Ausweis für das ganze Leben und besonders wichtig, falls Sie später mit ihm Schauen besuchen und/oder züchten möchten.

Unser Tip

Vor dem eigentlichen Kauf- oder Abholtermin sollten Sie auf jeden Fall mehrere Besuche einplanen, damit Sie sich mit dem auserwählten oder allen Welpen des Wurfs vertrauter machen können.

Wer die Wahl hat, hat die Qual – 16 Tage alte Welpen bei der Siesta

Auswahl des Welpen

Wie schon gesagt, zeigen schon die Welpen ihr etwas unterschiedliches Wesen. Darum ist das Beobachten des Wurfs und des Umgangs der Geschwister miteinander recht aufschlußreich. Die Reaktion der einzelnen Welpen auf verschiedene ungewohnte Ereignisse und auf andere Tiere kann herbeigeführt oder beobachtet werden. Auch wie die einzelnen Welpen Ihnen gegenüber reagieren, kann Ihre Wahl beeinflussen. Wenn es irgend möglich

ist, sollten Sie also recht viel Zeit beim Wurf, der Hündin und der Züchterfamilie verbringen. Gespräche mit dieser werden Ihnen helfen, daß Sie schließlich die richtige Wahl treffen können. Die investierte Zeit vor dem Kauf ist beste Vorbereitung auf die Haltung eines dieser einzigartigen Hunde.

Rüde oder Hündin?

Es ist für keinen Ratgeber leicht, auf die Frage des auszuwählenden Geschlechts eine eindeutige Empfehlung abzugeben. Für den Käufer ist es eine ganz individuelle Neigung zugunsten einer Hündin oder eines Rüden. Es gibt viele Gemeinsamkeiten beider Geschlechter. So mögen sie Lob, Gestreicheltwerden und Geschmuse gleichermaßen gern. Es ist auch nicht so, daß Hündinnen Männern gegenüber anhänglicher wären oder Rüden umgekehrt. Bei der Wahl der Geschlechter kommt es auch nicht häufiger vor, daß sich Männer überwiegend für Hündinnen und Frauen für Rüden entscheiden würden.

> ### *Unser Tip*
>
> **Die Hündin ist ein gut Stück kleiner und leichter als der Rüde, ist darum von zarteren Frauen und von Kindern einfacher zu „handhaben".**

Zwar versucht auch die Hündin, innerhalb des Familienrudels einen höheren oder gar den ranghöchsten Platz einzunehmen, doch mit konsequenter, liebevoller Behandlung wird

Den nehm' ich, den nehm' ich nicht, den da nehm' ich!

sie sich leichter mit ihrem Platz zufriedengeben. Ein Rüde ist da schon hartnäckiger und muß dann die feste Hand deutlicher spüren.

Auch scheint die Hündin während Spaziergängen gelassener zu sein, und sich nicht so leicht ablenken zu lassen. Dagegen möchte ein Rüde sofort seine Dominanz und seinen Revieranspruch zur Schau stellen, und sei es nur durch häufiges Beinheben und Markieren (Hündinnen markieren auch ihr Revier, doch seltener und während normalem Wasserlassen). Begegnet der Rüde anderen Hunden, dann kommt es auf das Geschlecht an. Hündinnen werden meistens freudig begrüßt, und sie werden hofiert. Ist das Gegenüber jedoch ein Rüde, kommt es häufig zu Drohgebärden und wütendem Grollen, was in Kampf ausarten kann. Dieser sieht in der Regel jedoch gefährlicher aus, als er in Wirklichkeit ist. Der dabei Unterlegene zeigt seine Demutshaltung und kann dann unbehelligt von dannen ziehen.

Zwei Hündinnen sind sich häufig auch nicht grün. Bei ihnen geht es ohne viel Ritual zur Sache; und bei einem Kampf zwischen ihnen kommt es häufig zu Bissen und Verletzungen. Ist die Dominanz einer Hündin über eine andere erst einmal festgestellt, kann es zwischen den beiden zu einem guten Zusammenleben, ja zu einer Freundschaft kommen. Hündinnen lassen sich also zu zweit leichter halten als zwei Rüden.

Die Hündin wird zweimal im Jahr läufig. Dann läßt sie Harntropfen, danach blutige und an den „heißen" Tagen klare Sekrete fallen. Nun ist sie Anziehungspunkt für alle Rüden der Umgebung. Soll es zu keiner Trächtigkeit kommen, ist sie an den bestimmten Tagen stets fest an der Leine zu halten. Das Gassigehen sollte dann weit vom eigenen Zuhause erfolgen. Oder die läufige Hündin wird gar nicht erst aus dem Haus oder Garten gelassen, so daß kein Duft herausdringt, denn sonst veranstalten die Rüden vor der

Welpe oder erwachsener Hund?

Beides hat Vor- und Nachteile. Hatte der liebevoll aufgezogene Welpe außer mit seinem Rudel (Hunden wie Menschen) schon Kontakt zu anderen Leuten, auch Kindern, dann ist er alles andere als menschenscheu. Wenn Sie ihn dann mit acht bis zwölf Wochen von den Züchtern abholen, wird er freudig mit Ihnen gehen und sich wie eine Klette an Sie hängen.

Platz ist in der kleinsten Hütte! Die 26 Tage alten Welpen sind aus dem Mittagsschlaf erwacht

Unser Tip

Gönnen Sie dem Welpen an den ersten Tagen viel Ruhe und bitten Sie Verwandte, Freunde und Nachbarskinder, die ihn gern sehen und mit ihm spielen wollen, um ein paar Tage Geduld.

Tür eine Versammlung, bei der sie hartnäckig sind und ihr Sehnsuchtsgejaule hören lassen.

Der Rüde ist beim Duft einer läufigen Hündin oft nicht zu halten. Er findet Wege und Mittel zu entwischen und sein Ziel zu erreichen. Da ist oft kein Zaun zu hoch, und es ist mit Gefahren für ihn verbunden, denn „Liebe macht blind", und man macht sich Sorgen, bis sich der Hund, oft erst nach Tagen, wieder zu Hause einfindet.

Sie haben alle Möglichkeiten, ihn zu erziehen, denn er ist neugierig und lernbegierig. Der Welpe ist ein noch unbeschriebenes Blatt und Ihnen wird klar, daß es ganz an Ihnen liegt, was aus ihm wird. Sie wollen aus ihm natürlich einen wohlerzogenen Hund machen. Das bringt Pflichten wie Freuden mit sich und verlangt Ihnen viel Zeit ab. Jetzt haben Sie die beste Chance dazu, können es aber nicht nur abends nach Feierabend und an den Wochenenden „erledigen". Einer seiner neuen Menschen sollte zuerst fast immer zugegen sein.

Wer sich die Mühe der Stubenreinheit und der Erziehung des Hundes nicht mehr machen möchte, wird einen „fertigen" Hund kaufen wollen. Er muß dann aber auch damit rechnen, daß dieser eine gewisse Zeit braucht, sich an seinen neuen Besitzer und die unvertraute Umgebung zu gewöhnen.

Dalmatiner-Rüde Bongo und Freundin beim Tauziehen

Der Hund kann auch schon schlechte Erfahrungen gemacht haben, die ihn mißtrauisch werden ließen. Viel Liebe ist für ihn ebenso nötig, wie für den Welpen. Mit Angewohnheiten, die einem nicht passen, ist zu rechnen und sie sind abzustellen. Das verlangt schon eine gewisse Erfahrung, oder die Mithilfe von Ausbildungsleitern eines Hundesportvereins.

Wichtig: Ganz ohne eigenen Zeitaufwand für die Erziehung kommt man auch beim erwachsenen Hund nicht aus.

Diese Dalmatiner-Hündin hat sich an ihre neue Umgebung gewöhnt

Auswahl des Käufers

So wie Sie sich als Käufer gut überlegen sollten, wo Sie den Welpen kaufen, wird auch der Züchter nicht jeden Interessenten als Käufer akzeptieren. Zu wem kommt das Hündchen? Wie wird er es bei seinen neuen Besitzern haben? Aus welchem Grund kaufen diese überhaupt einen Dalmatiner? Es gibt viele Gründe, einen Interessenten abzulehnen, der dem Züchter, der Züchterin und, ebenfalls wichtig, der Hündin nicht sympathisch ist.

Da sind zum einen Leute, die mit dem auffällig und elegant wirkenden Dalmatiner nur renommieren wollen. Sie bringen oft wenig Liebe für den Hund auf und haben sich keine Gedanken darüber gemacht, was so ein Tier an Aufmerksamkeit und gern gegebener Zeit braucht.

Andere Interessenten haben zwar ein Herz für den Dalmatiner, jedoch noch mehr ihre Karriere im Sinn und kaum jemand, der sich ebenso verantwortlich für den Hund fühlt und dann für ihn da ist. Hier kann der Hund ebenso vereinsamen und sich fehlentwickeln wie bei Menschen, die mit ihm nur angeben wollen.

Dalmatiner, wie diese beiden Hündinnen, sind neugierig und lernbegierig

Der Dalmatiner als Familienmitglied

Die Eingewöhnung

Der erste Tag, die erste Nacht

Die erste Nacht in der neuen Umgebung, also von seinen Geschwistern und der Mutter entfernt, ist für den Welpen sicherlich die schwerste. Meistens sind es ein paar mehr Nächte, bis er sich in seinem neuen Zuhause, bei dessen Menschen eingelebt hat.

Unser Tip

Enorm erleichtert wird dem Welpen die Trennung, wenn er eine Decke mitbekommt (die Sie evtl. bei einem Kennenlernbesuch zum Züchter mitgenommen haben), wo sie in der gemeinsamen Rudel-Schlafkiste gelegen hat. Dann schnuppert er den vertrauten Duft in seinem Körbchen und fühlt sich gleich viel wohler.

Sie können den Welpen in seinem Körbchen in Ihr Schlafzimmer stellen. Dann müssen Sie bei seinem Verlassenheitsjaulen nicht unbedingt gleich aufstehen, sondern können ihm aus dem Bett heraus ein paar beruhigende Worte zumurmeln oder streicheln und so schnell beruhigen. Wenn Sie es zu keiner ständigen Einrichtung werden lassen wollen, vermeiden Sie es jedoch, ihn zu sich ins Bett zu holen. Dem Welpen wird das natürlich gefallen und er wird dies ihm einmal eingeräumte Privileg nicht so leicht aufgeben wollen.

Wichtig: Der Schlafplatz sollte zwar in Ihrer Nähe, aber an einer ruhigen Stelle in der Wohnung sein, denn der Welpe benötigt viel Schlaf. Er braucht nicht jedesmal aufzuwachen, wenn Sie etwa zur Toilette müssen.

Spielregeln im neuen Zuhause

Bei aller verständlichen Begeisterung für das neue Familienmitglied sollten Sie es weder ständig belagern noch verwöhnen, was nicht leicht ist, besonders wenn Kinder zum Haushalt gehören. Doch es müssen feste Spielregeln bzw. klare Verhaltensweisen aller Familienangehörigen dem Welpen gegenüber eingehalten werden.

Auch darf nicht vergessen werden, daß der Welpe anfangs noch viel Schlaf und Ruhe braucht.

Zusammenleben mit Kindern

Der Dalmatiner ist für das Zusammenleben mit Kindern vortrefflich geeignet. Er ist verspielt und recht sanft in seinem Umgang mit kleinen Menschen. Auch liebt er die Streicheleinheiten, die er von einem Kind erhält. Am besten ist es, wenn der Hund als Welpe in eine Familie mit Kindern kommt und bei ihnen aufwächst. Sie lernen sich blind verstehen.

Wichtig: Wenn sich Ihr Kind einen Hund wünscht, dann muß es auch Ihr Wunsch sein. Denn Sie werden voll einbezogen in dieses Unternehmen, das Ihnen mit dem Hund ein weiteres Familienmitglied beschert.

Auch stehen Sie irgendwann, und sei es nur für die Dauer einer Klassenreise, ganz alleine in der Verantwortung für ihn. Doch nehmen Sie dem Kind nicht zuviel Verantwortung ab, denn der Hund ist ein stiller, aber guter Erzieher.

Unser Tip

So früh wie möglich sollten Kinder sich die Kommandos einprägen und anwenden, die der Hund zu befolgen gelernt hat. Das läßt beide Seiten sicherer sein; den Vierbeiner kann es vor Schaden bewahren.

Kinder profitieren vom Zusammenleben mit dem Hund, fühlen sich beschützt, haben einen nimmermüden Spielkameraden in ihm, und einen Vertrauten, der alles für sich behält, was ihm an Kummer anvertraut wird. Für das Einzelkind gibt es nicht nur

den sonst oft vermißten Körperkontakt, sondern auch den benötigten seelischen, hört er sich doch alle Sorgen geduldig an. Der Hund ist immer für das Kind, den Jugendlichen da und hilft, die Traurigkeit zu verdrängen. Sogar mit Eltern und anderen Menschen nicht gewagte Gespräche hört sich der Dalmatiner geduldig an.

Dalmatiner und andere Tiere

Es ist gut, wenn der Dalmatiner schon als Welpe Kontakt zu anderen Tieren hat und dabei gute Erfahrungen sammelt. Er geht neugierig und vertrauensvoll auf andere Lebewesen zu. Ist auch dies jung und von friedlichem Gemüt, sind gute Voraussetzungen für ein gegenseitiges Tolerieren, ja manchmal für eine Freundschaft gegeben. Sonst muß man sehr behutsam und langsam das gegenseitige Kennenlernen der beiden Tiere fördern. Es gibt dafür keine genauen Regeln, doch ist abwechselndes Streicheln oder Kraulen angebracht. Den unterschiedlichen Tieren kann auch jeweils ein Leckerbissen gegeben werden, um sie voneinander abzulenken, so daß sie die Gegenwart des anderen allmählich gelassener hinnehmen.

Begegnungen mit anderen Hunden

Zu Begegnungen mit anderen Hunden wird es tagtäglich kommen. Für den Welpen sind das neben der Freude gleich Lektionen für das richtige Artverhalten.

Wichtig: Nehmen Sie den Welpen also niemals ängstlich auf den Arm, wenn etwa ein riesiger Hund auf ihn zugestürmt kommt. Auch wenn er dabei umgeschubst werden sollte, genießt der junge Hund doch das Wohlwollen der erwachsenen Artgenossen.

Ausnahmen bilden hierbei Hunde, denen die hündischen Umgangsformen vorenthalten waren und die dadurch neurotisch wurden. Bei diesen ist Vorsicht angebracht. Ansonsten ist es so, daß Rüde und Hündin auch als erwachsene Tiere gut miteinander auskommen werden, wenn sie die Regeln bei Begegnungen und des Zusammenlebens gelernt haben. Dann kann es auch unter Rüden oder Hündinnen ein gutes Auskommen oder Freundschaften geben.

Begegnen sich etwa gleich starke, fremde Rüden, dann lassen sie es oft auf einen fürchterlich anzusehenden und anzuhörenden Imponier- und Machtkampf ankommen. Auch wenn es aussieht als zerfleischten sie sich, wird einer von ihnen doch rechtzeitig signalisieren, daß er aufgibt und sich dem anderen unterwirft.

Damit ist die Angelegenheit aus der Welt geschafft, besonders wenn der

Dalmatiner-Hündin beim Spiel mit einer Slowakischen Schwarzwildbracke

Unterlegene bei späteren Begegnungen die Dominanz des anderen anerkennt.
Hündinnen können untereinander rabiater sein. In ihnen schlummert noch der wölfische Instinkt nach einem großen Revier, das für die Ernährung ihres Nachwuchses überlebenswichtig ist.
Mit der Auflösung des winterlichen Rudels wird jede Wolfshündin als Rivalin betrachtet, die es aus dem Weg zu räumen gilt. Entweder diese flieht oder kommt zu Schaden. Behalten Sie also diese angeborene Verhaltensweise Ihrer Hündin im Sinn. Zeigt die körperlich unterlegene Hündin dies deutlich der anderen, dann braucht es zu

keinem Kampf, sondern kann sogar zur Freundschaft zwischen den beiden kommen.

Unser Tip

Um kämpfende Hündinnen (oder auch Rüden) zu trennen, dürfen Sie nicht mit den Händen dazwischengehen. Da können Sie arge Verletzungen erleiden, denn die Tiere sind dann blindwütig. Am besten hilft, einen Eimer Wasser über sie zu schütten. Das kühlt ihre Gemüter augenblicklich ab und Sie können die Kontrahenten gefahrlos trennen.

Die Erziehung des Dalmatiners

Was der Hund lernen muß

Eine der wichtigsten Voraussetzungen für ein gutes Zusammenleben mit dem Dalmatiner ist, daß er schnell und verläßlich stubenrein wird.

Dies zu erreichen, ist einzig Sache Ihrer Aufmerksamkeit und Ihres Lobes. Strafen, etwa den Hund mit der Nase in sein kleines oder großes Geschäft zu stubsen, wie früher häufig geraten wurde, ist Tierquälerei. Auch ein Klaps oder Schelte sind tabu. Sie führen nicht zum Erfolg, sondern nur zu Mißverständnissen. Nur wenn Sie ihn auf frischer Tat ertappen, ist Tadeln angebracht, während Sie ihn hochnehmen und hinausbringen. Hat er dort sein Geschäft zu Ende gebracht, loben Sie ihn wieder. Daß es richtig ist, sich nur draußen zu lösen, begreift er dann sehr schnell.Ihre ständige Anwesenheit während der ersten zwei Wochen und Ihre Aufmerksamkeit führen zum Erfolg.

Wenn er sein Geschäft verrichtet hat, dann loben Sie ihn ausgiebig, aber auch, wenn es auf dem Weg ins Freie nicht ganz gereicht hat.

Draußen wählen Sie einen geschützten Ort, um ihn abzusetzen. Zwar duftet eine vom Welpen schon benutzte Stelle vertraut nach ihm, doch bleiben Sie bitte nicht immer am gewohnten Platz, sondern wählen Sie verschiedene. Sonst kommt der Welpe zu dem Eindruck, er dürfe sich nur dort und nirgendwo sonst lösen.

Das hat schon soweit geführt, daß der Welpe seine Bedürfnisse angehalten hat, sein Mensch aber meinte, es wäre bloß blinder Alarm gewesen, und in der Wohnung ist es dann ganz schnell passiert.

Unser Tip

Immer wenn Sie sehen, daß der Welpe unruhig wird, suchend und schnüffelnd nach einem Plätzchen Ausschau hält, sollten Sie ihn behutsam aufnehmen und mit ihm nach draußen eilen. Das können Sie getrost auch nach jeder Mahlzeit und jedem Aufwachen des Welpen tun, denn dann muß er garantiert.

Leinenführigkeit

Die erste Bekanntschaft mit dem Halsband und, wenig später mit der Leine, sollte der Welpe bei sich in der Wohnung machen. Er darf die Leine zuerst einfach hinter sich herschleifen und bald als etwas Gewohntes ansehen und damit fast vergessen. Haben Sie die Leine dann in der Hand, dann ist es gut, wenn Sie sich in der ersten Zeit nach dem Welpen richten. Läuft er los, laufen Sie mit und geben das Kommando „Geh!". Bleibt er stehen, tun Sie es auch und loben ihn mit „Steh!" oder „Stop!". Setzt er sich hin, können Sie dieses jedesmal mit dem gleichzeitigen Befehl „Sitz!" begleiten, beim Hinlegen mit „Platz!". So wird der Welpe gleichzeitig das Wort zum entsprechenden Tun lernen und das Kommando als solches begreifen. Natürlich soll es nicht dabei bleiben, daß Sie hinter dem Welpen herlaufen und sich nach seinem Willen richten.

Wichtig: Schon nach wenigen Tagen soll er spüren, daß die Leine Ihre verlängerte Hand ist und er sich nach Ihnen zu richten hat.

Prescht er vor, und es kommt ganz automatisch zu einem Ruck, dann nutzen Sie dies mit dem Befehl „bei Fuß" und halten ihn an kurzer Leine neben sich, desgleichen, wenn er plötzlich stehenbleibt oder sich setzt. Für die Befolgung all dieser Kommandos loben Sie den Schüler stets ausgiebig. Er wird mit Freude lernen, besonders wenn Sie sachte, aber konsequent die Regeln des Leinegehens mit ihm üben. Beginnen Sie mit wenigen Minuten oder 20 Metern an der Leine mit ihm. Sie können ja die Übungen von einer auf zwei und später auf drei pro Tag steigern. Erst wenn der Junghund älter als vier oder fünf Monate ist, können Sie auch über längere Strecken oder Zeiträume mit ihm an der Leine gehen.

Unser Tip

Achten Sie gleich von Anfang an darauf, daß der Hund in der Regel links von Ihnen geht. Das ist sowohl angeleint als auch freilaufend wünschenswert, und zwar bei Übungen auf dem Hundeplatz, als auch bei der Vorführung im Schauring.

Auf der Straße kann es dagegen manchmal von Vorteil für Sie wie für den Hund sein, wenn er rechts geht. Auf belebten Fußwegen kommen dem links gehenden Hund die entgegenkommenden Menschen und Hunde

geradewegs entgegen und verursachen Streß, während er dann rechts gehend viel besser geschützt ist, wie beim Mitlaufen am Fahrrad ja auch.

▬▬ *Der Hund akzeptiert die Leine als die verlängerte Hand seines Herrn*

In der Kürze liegt die Stärke der Kommandos

Ob visuell oder akustisch, eins der beiden Zeichen kommt bestimmt bei ihm an. Auf jeden Fall hat der Hund ein so gutes Gehör, daß er Sie immer hört. Sie brauchen weder laut noch andauernd nach ihm zu rufen. Tun Sie dies, wird der Hund sich bald aus Gewohnheit mit dem Kommen Zeit lassen. Ein Ruf von Ihnen, und Sie wenden sich ab. Das wirkt zuverlässiger, denn nun befürchtet der Hund, daß Sie fortgehen und er kommt mit Sicherheit sofort. Es haben sich unter Liebhabern bestimmte Kommandos eingebürgert, doch Sie können für Ihren Hund Ihre ganz eigenen benutzen. Wichtig ist nur, daß Sie für jede gewünschte Handlung immer den gleichen Befehl benutzen. Das gilt für Sie und alle Familienmitglieder gleichermaßen.

Wichtig: Am besten notieren Sie die Befehle und Handzeichen und was damit erreicht werden soll. Daran muß sich dann jeder halten, der dem Hund etwas zu sagen hat.

Bei Fuß!
Wenn der Dalmatiner so mit vier bis fünf Monaten ohne Probleme an der Leine neben Ihnen hergeht, können

Sie mit ihm trainieren, daß er freilaufend neben Ihnen bleibt. Das läßt sich entlang eines Zaunes, einer Mauer oder einer Wand am besten üben. Lassen Sie den Hund zwischen sich und der Begrenzung gehen und nehmen Sie ihn, ohne daß er es bemerkt, von der Leine. Wenden Sie hierbei das Wort „Bei Fuß" an, das er ja schon kennt und befolgt, wenn er an der Leine ist. Allmählich sollte die Länge der gegangenen Strecke ausgedehnt werden und das Bei-Fuß-Gehen auch im freien Gelände geübt werden und sicher auch bald klappen.

Das Sichtzeichen sagt dem Hund, daß er sich setzen soll

Komm!

Wie oft sieht man, daß der Hund sich überhaupt nicht darum kümmert, wenn sein Herrchen oder Frauchen ihn herbeiruft. Es wird gelockt, gebettelt, gedroht und schließlich versucht, ihn einzufangen. Hat dies schließlich Erfolg, wird er mit der Leine oder einem Stock verprügelt. Diese Methoden, das Herbeikommen zu erreichen, stoßen nicht nur beim Dalmatiner auf Ablehnung, sondern bei jedem Hund. Er wird immer weniger den Wunsch haben, zu seinem Herrchen oder Frauchen zu kommen.

Der Welpe hängt von Anfang an wie eine Klette an Ihnen. Immer wenn er zu Ihnen kommt, können Sie den Befehl „Komm!", „Hier!" oder „Her!" rufen. Ist er bei Ihnen angelangt, loben und streicheln Sie ihn, geben auch mal einen Leckerbissen. Der Befehl ist sanft und lockend. Wenn notwendig, darf er aber auch scharf genug sein, keinen Aufschub oder gar Widerstand zu dulden. Der Hund hört die Unterschiede im Ton sofort heraus. Diesen Befehl können Sie unterstreichen, indem sie sich einmal mit der flachen Hand auf den Schenkel klopfen. So lernt er gleich dieses sowohl visuelle wie akustische Zeichen kennen.

In einem ganz schwierigen Fall hilft auch die lange Leine, mit der Sie ihn langsam zu sich heranziehen. Auch dann ist Lob fällig, wenn Sie ihn schließlich herangezogen haben.

Sitz!

Mit der Befolgung dieses Befehls werden Sie wenig Schwierigkeiten haben. Immer wenn der Welpe dabei ist, sich hinzusetzen, sagen Sie den Befehl, der etwa auch „Set!" oder „Setz!" lauten könnte. Als Sichtzeichen wird dabei üblicherweise der Zeigefinger erhoben. Es dauert nicht lange, dann verknüpft er die Kommandos mit dem Hinsetzen. Einem weniger gelehrigen oder widerspenstigen Kandidaten kann nachgeholfen werden, indem Sie mit einer Hand sachte auf die Kruppe drücken, während Sie ihm von der Seite das Kommando sagen.

Wichtig: Diese Übung sollte der Hund bei jedem Anleinen und vor dem Überqueren einer Straße einnehmen.

Letzteres kann einen Verkehrsunfall verhindern und für den Hund lebensrettend sein. Es ist ferner wichtig, daß er sitzenbleibt, bis Sie ihm einen anderen Befehl erteilen.

Down!

Diese auch mit den üblichen Befehlen „Lieg!" oder „Platz!"verbundene Übung hat den Zweck, daß der Hund sich sofort hinlegt. Sie kann wieder damit begonnen werden, daß der Welpe das Kommando hört und die

Hat er die Lektion gelernt, wird der angeleinte Dalmatiner geduldig warten, bis Sie zu ihm zurückkehren

gleichzeitig nach unten geführte Hand sieht, wenn er sich gerade hinlegt. Sonst hilft das sachte Herunterdrücken des Hundes im Schulterbereich mit der einen Hand, während die andere die Vorderpfoten nach vorne zieht. Den dabei gesprochenen Befehl wird er sich schnell merken.

Bleib!

Nachem der Hund die Übungen „Set!" und „Down!" zuverlässig meistern gelernt hat, können sie weitergeführt werden. Folgt der zweite Befehl „Bleib!" oder „Wart!" gleich hinterher, so bedeutet das, der Hund soll alleine abgelegt genau dort warten, bis Herrchen oder Frauchen zurückkehren. Um dies fertigzubringen, benötigen wir eine recht lange Übungszeit. Zuerst dehnen Sie das Sitzen und das Liegen immer länger aus, wofür Sie ihn reichlich loben sollten. Dann entfernen Sie sich ein paar Schritte, wobei Sie das „Und bleib!" dem Kommando angehängt haben. Dabei behalten Sie den Hund anfangs im Auge. Sobald er zu Ihnen gelaufen kommt, dürfen Sie nicht enttäuscht sein und ihn womöglich tadeln oder strafen, sondern sollten ihn freudig und mit einem Lob empfangen. Die Lektion kommt nur wenige Male am Tag dran, denn sie soll den Hund

Erst nach langer Übungsdauer lernt der Hund, allein zu warten

nicht überfordern. Wechseln Sie zu einer anderen, leichteren Übung und sparen Sie die Fortsetzung dieser Lektion für den nächsten Tag auf. Allmählich wird Ihr Hund immer länger liegen oder sitzen bleiben, auch wenn Sie zehn oder 20 Meter weit fortgehen. Bestanden hat er die Prüfung, wenn er liegen oder sitzen bleibt, bis Sie ihn rufen oder zu ihm zurückgehen und ihn mit „Komm!" oder „Bei Fuß!" dazu auffordern, sich wieder zu Ihnen zu gesellen. Das Sitzen- oder Liegenbleiben ist erforderlich, wenn Sie in ein Geschäft oder Amt gehen, in das der Hund nicht hinein darf, und auch keine Möglichkeit des Anleinens besteht. Aber auch der draußen angeleinte Dalmatiner wird gelassener warten, hat er erst diese Lektion gelernt.

Es gibt noch viele andere Gelegenheiten, bei denen der Hund auf Sie zu warten hat, ohne sich von anderen Menschen, von Hunden oder Dingen ablenken zu lassen.

Die sanfte Art, gehorchen zu lehren

Der Dalmatiner ist intelligent genug, schnell zu begreifen, was sein Herrchen oder Frauchen bei der Erziehung von ihm wünscht und was er lieber unterlassen sollte. Das hört er schon aus dem Klang der Stimme heraus. Deswegen sollten wir ihn schon von Anfang an öfter bei seinem Namen rufen. Er wird freudig kommen. Dafür loben und streicheln wir ihn. Hin und wieder erhält er auch ein Leckerli. Da er nun aber als Welpe und besonders als Junghund allerlei Flausen im Kopf hat und auch gern probiert, wie weit er gehen darf, dürfen Sie nicht zögern, ein strenges „Nein", „Naah" oder „Pfui" zu rufen, wo es angebracht ist. Sofort wird ihn der Ton Ihrer Stimme aufhorchen lassen. Läßt er von der Untugend ab, loben Sie ihn. Fährt er jedoch damit fort und das schärfere Verbot fruchtet ebenfalls nichts, dann müssen Sie ihn strafen. Von Schlägen sollten Sie auf jeden Fall

absehen, egal ob mit der Hand, der Leine oder einer zusammengefalteten Zeitung. Dadurch wird der Welpe nur allzu schnell handscheu und verliert das Grundvertrauen.

Alleine bleiben

Einen Welpen sollte man nie alleine in der Wohnung zurücklassen. Hat er sich dagegen gut eingelebt, sollten wir das Alleinebleiben mit ihm üben, denn es wird schon mal passieren, daß es nicht anders geht. Dann ist es besser, der Hund und Sie sind auf solche Situation vorbereitet. Am besten ist es, der Hund ist nach einem Spaziergang müde und ohne Bedürfnisse. Dann beginnen Sie mit dem Üben des Alleinelassens, indem Sie in ein anderes Zimmer gehen und sich dort für eine Weile beschäftigen. Läßt der Dalmatiner Sie dort einige Zeit allein in dem Bewußtsein, daß Sie in der Nähe sind, ist der erste Schritt getan.

Als nächstes gehen Sie für kurze Zeit hinaus. Tun Sie das so locker, als wäre es etwas ganz Normales. Bleibt er ruhig, dann haben Sie schon halb gewonnen. Fängt der Hund an zu jaulen oder zu bellen, dann eilen Sie bitte nicht gleich zurück und trösten ihn womöglich noch. Dann wird er das immer wieder machen und glauben, er könne Sie mit seinem Weinen zurückholen. Warten Sie draußen, bis er einmal für wenigstens kurze Zeit still ist. Steht er hinter der Tür, dann schicken Sie ihn ins „Körbchen". Sollte er darin gelegen haben, dann freuen Sie sich zwar, nehmen seine Begrüßung jedoch ganz „cool" zur Kenntnis. Dieses Herunterspielen Ihrer Freude über die gelungene Übung soll dem Hund zeigen, daß Sie die kurze Trennung als ganz normal angesehen haben. Desto eher wird auch er sie als etwas Normales hinnehmen.

Wichtig: Das Alleinlassen des Hundes sollte allerdings nicht die Regel, sondern die Ausnahme sein und blei-

ben. Länger als zwei Stunden darf Ihr Fortsein nicht dauern. Sonst ist zu überlegen, ob Sie ihn vielleicht doch mitnehmen können. Oder Sie geben ihn für die Zeit bei Befreundeten ab, die als „Hundesitter" fungieren und die der Hund schon kennt und mag.

Lob und Tadel

Sparen Sie nicht mit Lob, wenn Sie sich über etwas Erlerntes oder Besonderes von Herzen freuen, das der Hund gerade in dem Moment vollbracht hat. Sofortiges Lob wird er mit seinem Tun verbinden können und

Mit Lob sollte man nicht sparen, darf es aber auch nicht übertreiben

Herumtollen und Spielen sind das halbe Hundeleben

positiv registrieren. Loben Sie zu spät oder für jede Kleinigkeit, verliert das Lob seine erzieherische Wirkung. Ebenso ist es mit dem Tadel.

Wichtig: Der Tadel hat sofort zu erfolgen, am besten schon, während er zu der Untugend ansetzt oder dabei ist. Hinterher mit ihm zu schimpfen, kann er nicht mehr mit dem Getanen in Verbindung bringen. Solch eine Standpauke verwirrt den Hund nur.

Sinnvolle Spiele

Apportieren

Das Herbeibringen von Stöcken und anderen Spielsachen und Gegenständen macht jedem Hund Spaß, ist es doch dem Herbeitragen von Beute bei Wölfen ähnlich. Sie sollten dem Hund nicht nur als Stockwerfer willkommen sein, sondern ihm das Gebrachte abfordern. Dies hilft, Ihre Position als Rudelführer zu stärken. Üben Sie also auch diesen Teil des Apportierens. Halten Sie die Hand unter seinen Fang und fordern Sie ihn mit „Aus!" oder „Gib!" zum Herausgeben der „Beute" auf. Wenn es klappt, loben und belohnen Sie ihn. Bald wird das Apportieren nie anders sein, als daß er Ihnen den Gegenstand in die Hand gibt.

Suchen

Wenn Sie während des Spaziergangs mit Ihrem Dalmatiner Gegenstände verstecken oder wegwerfen, ohne daß der Hund etwas davon mitbekommt, und sich den Platz merken, können Sie den Hund während des Rückwegs danach suchen lassen. Dieses Spiel wird ihm sehr viel Freude machen, hat es doch Ähnlichkeit mit der Suche nach Wild.

Gibt er Ihnen das Gefundene in die Hand, dann hat er großes Lob verdient. Dieses Spiel kann unter Umständen von großem Nutzen sein, etwa wenn Sie die Hausschlüssel oder die Geldbörse verloren haben sollten.

Agility-Übungen erfordern gemeinsame Kondition und Konzentration von Hund und Mensch

---

Unser Tip

Auch wenn er etwas herbeiträgt, ohne daß Sie ihn mit „Pfui!" rechtzeitig daran hindern konnten, sollten Sie ihn loben, wenn er Ihnen das Gebrachte aushändigt. So können Sie ihn vor Schaden am besten bewahren.

Lernen von und mit anderen

Überall im Lande gibt es Hundeübungsplätze. Hier können Sie Ihren Hund vom Welpenalter an an die Gesellschaft anderer Hunde und Menschen gewöhnen. Letztere beabsichtigen wie Sie, ihren und andere Hunde zu verstehen.

Für Junghunde und Anfänger in der Hundehaltung wird mit den einfachsten Übungen der Erziehung begonnen, die weiter oben in diesem Buch beschrieben wurden. Darüber hinaus lernt der Hund hier sehr gut, Artgenossen zu ignorieren, wenn Sie es für angebracht halten. Schon das wirkt sich positiv auf der Straße aus, etwa daß er nicht an der Leine zerrt, um zu einem entgegenkommenden Hund zu gelangen.

So wird der Dalmatiner verkehrssicher

Auf den Hundeübungsplätzen vieler Vereine werden heute für Hunde verschiedenster Rassen und Mischlinge

Lehrgänge angeboten, bei denen der Hundehalter mit seinem Vierbeiner an vielseitigen Kursen teilnehmen kann. Am Ende dieser Übungen ist der „Hundeführerschein" zu erwerben, der dem Hund bescheinigt, die Begleithundprüfung bestanden zu haben. Eine solche Ausbildung ist erstrebenswert und wird von Dalmatinern mit Eifer und Leichtigkeit absolviert.

Dalmatiner -Rüde Bongo apportiert aus dem Wasser

Auf die Hunde ist nach der Prüfung mehr Verlaß, auch in den sich täglich bietenden, vielfältigen Verkehrssituationen. Außerdem machen die so ausgebildeten Hunde mit ihren tadellosen Manieren einen guten Eindruck auf die Mitbürger.

Abrichtung zum Sanitäts- und Rettungshund

Vor allem in der Schweiz wird der Dalmatiner gern zum Sanitäts- und Rettungshund ausgebildet. Dieser intelligente und freundliche Hund ist für solche Aufgaben wie geschaffen. In Schnee und bei eisiger Kälte sollten seine Einsätze allerdings sehr kurz sein, denn er friert sehr leicht, bedingt durch sein dünnes, kurzes Fell.

Der Dalmatiner als Vorsteh- und Fährtenhund

Einige Dalmatiner werden von ihren Besitzern für jagdliche Zwecke eingesetzt. Die Aufgaben, die von ihnen verlangt werden, lernen sie ohne große Mühen und bestehen die Prüfungen mit Elan. Sie erlernen das Vorstehen ebenso wie die Suche auf der Fährte oder im Feld und selbstverständlich auch das Apportieren.

Sportliche Betätigung mit dem Dalmatiner

Da der Dalmatiner mental wie körperlich auf ausdauerndes Laufen eingestellt ist, können wir als Besitzer ihm keine größere Freude bereiten, als ihn hierbei zu beschäftigen oder gar zu fordern. Eine der einfachsten Betätigungen ist das Begleiten beim Joggen oder bei Langstreckenläufen. Von Vereinen werden diese sowie Hindernis- und Hürdenläufe für Mensch und Hund als sogenannter Breitensport angeboten.

Agility: Sport und Spiel auf sechs Beinen

Das englische Wort „agility" bedeutet Geschicklichkeit, Wendigkeit. Der Hundesport gleichen Namens stammt aus England und verlangt nicht nur dem Hund, sondern auch seinem Frauchen oder Herrchen eine nicht geringe Leistung ab.

Ohne Halsband muß der Hund auf einem Parcours verschiedene Hindernisse überspringen, durch Reifen hindurchspringen, auf hochgestellten Balken entlanglaufen, durch Tunnel kriechen, Wippen überwinden und durch zwanzig eng gesteckte Stangen Slalom laufen.

Wichtig: Der Hundeführer muß immer an der Seite seines Vierbeiners sein, um ihm mit Kommandos und Handzeichen den richtigen Weg zu weisen.

Wetten, daß ich auch bei Tiefschnee durch den Agility-Tunnel robbe?

Je besser beide aufeinander abgestimmt sind, desto schneller geht es und desto mehr Freude macht dieser Hindernislauf beiden. Es darf dabei keine Berührungen durch den Hundeführer geben, was zur Disqualifikation des Teams führen würde, das die beiden für den Agility-Lauf bilden. Bevor jedoch alles perfekt klappt und Wettkämpfe mitgemacht werden können, ist viel Training notwendig. Doch schon dieses hilft beiden zu mehr Kondition, ist ein Riesenspaß und läßt die beiden enger zusammenwachsen. Mit Temperament und Schnelligkeit geht es durch den Parcours. Um so schwerer ist es für den Hund, auf einer Plattform, dem „Tisch" absolut ruhig zu bleiben und auf Handzeichen seines Frauchens oder Herrchens die Übungen „Steh", „Sitz" oder „Platz" zu befolgen, was vorher von der Wett-

leitung jeweils festgelegt wird. Ähnlich schwer ist es für den Hund, sich fehlerfrei durch die mit 40 Zentimeter Abstand eng gesteckten Slalomstangen zu schlängeln.

Fehlerfrei den Parcours zu durchlaufen, ist eine große Leistung für Hund und Mensch. Der Dalmatiner lernt es schnell und hat sichtlich Freude, die Aufgaben zu bewältigen. Im offiziellen Wettstreit gilt, daß Verweigerungen an Hindernissen oder gerissene Stangen Strafpunkte bringen. Verweigert ein Hund dreimal, wird er disqualifiziert. In Vereinen können auch Mannschaften gebildet werden, wobei dann vier Mensch/Hund-Teams gegen die anderer Vereine starten. Durch den VDH, dem Verband für das Deutsche Hundewesen, werden auch nationale und internationale Agility-Meisterschaften ausgeschrieben.

Die Ernährung

Fertignahrung – oder Futter selbst zubereiten?

Die Ernährung des Hundes scheint heute recht unproblematisch, wenn wir uns die Regale der Supermärkte und Zoogeschäfte mit dem Dosen- und Trockenfutter anschauen. Es gibt Futtersorten mit mehr oder weniger Fleischanteil, was genau angegeben und für die Ernährung des Dalmatiners sehr wichtig ist. Nicht nur die Fleischmenge, also der Eiweiß- und Fettgehalt, sondern auch der von Kohlenhydraten, Vitaminen, Spurenelementen, Mineral- und Ballaststoffen sind auf Markenfutter genau vermerkt. Damit nicht genug, die verschiedenen Futtersorten sind auf den Bedarf von Welpen und Junghunden in der Entwicklung, auf erwachsene Hunde sowie trächtige und säugende Hündinnen oder auf alte Hunde genau abgestimmt. Mit unterschiedlichen Sorten wird auch auf den individuellen und sich wandelnden Geschmack des Hundes Rücksicht genommen.

Es gibt Hundehalter, die ihrem Hund lieber selbst zubereitetes Futter geben.

Fleisch nimmt dabei eine wichtige Rolle ein. Es sollte allerdings nicht roh angeboten werden, denn es ist inzwischen ja hinreichend bekannt, daß von ihm eine Anzahl von Gefahren ausgehen. Wird allerdings alles sorgfältig zubereitet und das Kochen von allem! Fleisch, auch der Innereien und des gern genommenen Pansen als selbst-

Ob selbst zubereitet oder fertig gekauft – Hauptsache, es schmeckt

■■■■■ *Knapp einen Monat sind die Welpen alt, wenn sie Zusatznahrung als feste Brocken erhalten*

verständlich angesehen, kann die selbst zubereitete Nahrung für den Hund durchaus nährstoffreich und schmackhaft sein.

Wichtig: Rohes Fleisch und Innereien von Rind oder Schaf können nur dann bedenkenlos gegeben werden, wenn Vieh auf einem alternativen Bauernhof geschlachtet wird, das dort unter natürlichen Bedingungen und ohne Chemie aufgewachsen ist.

Daß Gemüse für den Hund notwendig ist, wissen wir aus der Vorliebe des Wolfs für die Innereien der Beutetiere. Was dort vorverdaut und somit aufgeschlossen ist, müssen wir durch schonendes Dünsten erreichen. Das Gemü-

se soll ja vitaminreich bleiben. Da uns das oft nur mangelhaft gelingt, ist ein Zusatz von Vitaminen sinnvoll, am besten in Form eines guten Futterkalks, der außerdem Mineralstoffe und Spurenelemente in ausgewogener Zusammensetzung enthält.

Der Futterkalk ist für Reste, die der Hund gelegentlich vom menschlichen Mahl bekommt, von besonderem Wert. Diese dürfen durchaus mal gegeben werden, solange er nichts scharf Gebratenes, Gewürztes, Gesalzenes, Saures und Süßes bekommt. Gekochte Kartoffeln, Gemüse, Nudeln, Reis und Kochfleischreste können nichts schaden. Das Restefüttern sollte allerdings die Ausnahme bleiben.

Futterpläne

Welpen

Beim Züchter bekommen die Welpen ab etwa der dritten Woche als Ergänzung zur Milch der Hündin ihre erste Zusatznahrung, zuerst in halbflüssiger Form, mit knapp einem Monat auch als feste Brocken. Im gleichen Verhältnis, wie die Milch bei der Hündin nachläßt, wird die Zufütterung für den Welpen verstärkt und über den Tag verteilt.

Wenn Sie als glücklicher Käufer mit Ihrem Welpen zu Hause angekommen sind, gehört das Futtergeben zu einer Ihrer ersten Handlungen. Hat der Züchter Ihnen einen Futterplan mitge-

Wer noch so klein ist wie dieser 26 Tage alte Dalmatiner-Welpe, wird mit der Hand gefüttert, interessiert sich aber auch schon für den Futternapf

geben, dann ist das sehr beruhigend für Sie. Und für den Welpen wird dadurch eine zu radikale Umstellung vermieden. Richten Sie sich zuerst auch nach den Vorschlägen des Züchters, was die Anzahl der Fütterungen betrifft. Manche Züchter halten vier Mahlzeiten für ausreichend, andere raten zu fünf.

Speiseplan für den acht bis zehn Wochen alten Welpen

◆ 1. Mahlzeit morgens 7 Uhr: Nachdem der Welpe sich zuvor draußen schon gelöst hat, erhält er Hundeflocken (für Welpen) in lauwarmer Welpenmilch und jeden zweiten Tag ein weich gekochtes, zerdrücktes Ei oder ein rohes Eigelb daruntergerührt. Das Ganze soll weich, jedoch nicht suppig sein.

◆ 2. Mahlzeit 11 Uhr: Abwechselnd gekochtes Fleisch (kleingeschnitten)

mit Flocken und etwas gedünstetem Gemüse (Spinat, Möhren) und wenig Fleischbrühe in halbfester Form reichen, oder eine Welpen-Fleischmahlzeit aus der Dose

◆ 3. Mahlzeit 14 Uhr: Welpenhundekuchen, dazu etwas lauwarme Welpenmilch.

◆ 4. Mahlzeit 18 Uhr: Wie um 11 Uhr, doch können auch gekochter Reis, Vollkornnudeln oder Kartoffeln und geriebener Apfel bzw. Birne daruntergemischt werden.

◆ 5. Mahlzeit 21 Uhr: Hunde- oder Haferflocken abwechselnd mit Welpenmilch oder Fleischbrühe angerührt geben.

◆ Stets sollte frisches Wasser zur freien Aufnahme durch den Welpen bereitstehen.

Anna und Penny von der Swimmark als vorbildliche Radbegleiter

Heranwachsende Junghunde

Ist der Welpe vier Monate alt, kann die Fütterung auf vier Mahlzeiten reduziert werden, wobei die Hauptmahlzeit um 18 Uhr auch die letzte des Tages sein sollte.

◆ Mit fünf bis sechs Monaten erhält der junge Dalmatiner nur noch drei Mahlzeiten. Dabei kann die morgendliche Fütterung auf 8 oder 9 Uhr verschoben werden.

◆ Ab dem 7. oder 8. Monat könnten, je nach allgemeiner Entwicklung und Bewegung, auch schon zwei Mahlzeiten ausreichen.

Der mit anderthalb Jahren körperlich reife Dalmatiner bekommt entweder weiterhin zwei Mahlzeiten pro Tag, wobei die erste die Nebenmahlzeit sein sollte. Er bekommt sie nach dem Morgenauslauf mit anschließender Ruhestunde. Die zweite, und dies sollte die Hauptmahlzeit bleiben, wird abends gereicht. Auch während und nach dieser Fütterung muß der Hund seine Ruhe haben.

Erhält der Hund eine zu große und/ oder zu kalte Mahlzeit, die er womöglich noch zu hastig verschlingt, danach auch noch Anstrengung und viel Bewegung, kann es zum Magen-

drehen kommen. Dieser Magenver-
schluß führt bei nicht sofortiger Hilfe
unweigerlich zum Tode des Hundes.
Die sich bildenden Gase können
durch die verschlossenen Zu- und
Abgänge nicht entweichen, und der
Hund wird regelrecht aufgebläht und
verendet unter gräßlichen Schmerzen.
Also weniger auf einmal geben und
für Ruhe nach den Mahlzeiten sorgen!

*Es kommt selten vor, daß der
Dalmatiner großen Durst hat, aber klares Wasser sollte immer für ihn da sein*

Unser Tip

**Vor und zwischen den Mahlzei-
ten sollten keine Leckerlis
gegeben werden, außer zur
Belohnung. Sind die Belohnungen
jedoch reichlich ausgefallen,
dann rechnen Sie diese konsequent von der Abendmahlzeit ab.**

Futtermenge und Futtervielfalt

Bei einem Gewicht zwischen 24 und
27 kg wäre für den Dalmatiner bei
konventioneller Ernährung eine Futtermenge zwischen 1200 und 1400 g
richtig. Wegen der Notwendigkeit,
ihm proteinärmere und dafür kohlen-
hydratreichere Nahrung zu geben,
könnte dabei ein zu nur 50 Prozent

aus Fleisch bestehendes Futter am
besten sein. Das gehaltvollere Dosen-
futter ist in einer Menge von 850 bis
1000 g zu bemessen. Bei Trockenfutter reichen 250 bis 350 g aus, das ja
mit entsprechend viel Flüssigkeit
gereicht werden muß. Genaue Men-
genangaben lassen sich jedoch nicht
machen, denn neben dem unterschiedlichen Nährwert der Mahlzeiten
spielt natürlich der Energiebedarf eine
große Rolle. An einem Tag mit viel
Bewegung wird mehr Energie ver-
brannt, als an einem ruhigeren. Auch
sind Hunde unterschiedliche Futterverwerter, was sich selbst bei zwei
Tieren der Dalmatiner-Rasse bemerk-
bar macht.

Wichtig: Das beste Zeichen für die richtige Futtermenge ist der rasch leergefressene Futternapf. Das sollte der Hund innerhalb einer Viertelstunde geschafft haben. Läßt er Futter stehen, sollten Sie Reste nie im Napf belassen und bei der nächsten Fütterung weniger geben.

Was bei der Fütterung der Welpen schon als Nahrungsmittel erwähnt wurde, gilt auch für den erwachsenen Hund: An Fleisch sollte alles gekocht werden, denn selbst wenn Rind- oder Hammelfleisch nur mit dem Messer oder Fleischwolf in Berührung kommt, der vorher mit Schweinefleisch zu tun hatte, können Erreger der Aujeszkyschen Krankheit übertragen werden.

Innereien beinhalten heutzutage so große Mengen von Schwermetallen und anderen Schadstoffen, daß sie nur selten auf den Speiseplan des Hundes gelangen sollten. Das gilt vor allem für Leber und Nieren.

◆ Für Fisch gilt gleiches wie für Fleisch. Andere tierische Produkte sind Eier, Joghurt, Magerquark, Hüttenkäse und milder Käse, die in kleinen Mengen ins Hauptfutter gemischt werden können.

◆ Als kohlenhydratreiche Hundenahrung sind vor allem Reis, Getreideflocken und Teigwaren anzusehen.

◆ Als vitamin- und mineralienreich gelten alle Obst- und Gemüsearten. Roh, aber zerdrückt, kleingeschnitten oder geraspelt werden Bananen, Erd- und Himbeeren, Äpfel, Birnen, Salat, Endivien gegeben. Gedünstet und zerkleinert werden dagegen Möhren, Kartoffeln, gelbe Rüben, alle Kohlarten, Brokkoli, Spinat, Mangold gereicht.

Gegen Verdauungsstörungen hilft am besten Gras fressen

Gras: Nahrung oder Medizin?

Wir beobachten häufig, wie unser Dalmatiner Gras frißt. Ist es Nahrung oder eine Art Medizin für ihn? Vor allem nimmt er Gräser auf, um sich danach erbrechen zu können. Auf diese Weise wird ein Fremdkörper, ein Knochensplitter, den er sonst nicht loswird, oder ein Haarballen hochgewürgt. Das Grasfressen dient also der Reinigung des Magens.

Daneben nimmt der Hund auch Gras auf, besonders Quecken, um sich auf diese Weise instinktiv mit eventuell fehlenden Vitaminen und Mineralien zu versorgen. Allerdings sind Gräser vor allem Rohfaser für den Hund und dienen, wenn sie in kleiner Menge den Magen passiert haben, der Darmreinigung. Sind sie jedoch vorverdaut, wie der Darminhalt gerissener Beutetiere durch den Wolf, dann sind Gräser wertvolle Nahrung. Aus diesem Grund müssen wir die meisten Blattgemüse schonend dünsten. Nur dann sind sie lebenswichtiges Zubrot für unseren Dalmatiner.

Trinken

Zu trinken wird klares Wasser gegeben, das immer zur Verfügung stehen sollte. Nur selten kommt es vor, daß ein Dalmatiner ständig großen Durst hat. Ist der Durst nicht krankheitsbedingt, was abgeklärt werden muß, kann die Wassermenge rationiert werden.

Leckerli. Wieviel ist erlaubt?

Leckerli können als Belohnung bei der Erziehung eine wichtige Rolle spielen. Sie dürfen aus zweierlei Gründen jedoch nur in Maßen eingesetzt werden. Zum einen darf der Hund nicht gewohnt sein, für jede vollbrachte Übung stets ein Leckerli zu erhalten. Zum anderen können zu viele und zu große Leckerli ihm allerlei Kalorien zuführen. Diese Extragaben sollten berücksichtigt und von den Mahlzeiten abgezogen werden. Kleine Hundekuchen mit niedrigem Fleisch- und Kalorienanteil sind am besten geeignet.

Haltung und Pflege

Der tägliche Auslauf

Der Dalmatiner wird in die Gruppe der Laufhunde eingeordnet. Dieser Begriff sagt schon, daß er von seinem Körperbau her zum Laufen geschaffen ist. Daß er viel laufen möchte, erleben wir bei Spaziergängen mit ihm. Wo er frei laufen darf, absolviert er das Vielfache von dem, was wir mit flottem Gehen bewältigen. Darum verbinden zu aller Freude manche Leute den Auslauf des Hundes mit einem Ausritt. Wer kein Pferd hat, und das werden die meisten Dalmatinerhalter sein, fährt mit dem Drahtesel. Dabei soll der Hund rechts vom Rad mitlaufen, um vor Verkehrsgefahren abgeschirmt zu sein. Dieser Gegensatz zum Linksgehen bei Spaziergängen ist dem Hund mit den beiden sehr unterschiedlichen Befehlen leicht beizubringen. Führt die Radtour durch verkehrsreiche Gebiete, läuft der Hund angeleint nebenher, in offenem, verkehrslosem Gelände frei. Das Laufen neben dem Rad sollte früh geübt werden, möglichst schon, wenn der Hund ein halbes Jahr alt ist.

Mit drei Hündinnen unterwegs

Wieviel Bewegung braucht der Dalmatiner?

Bewegung kann dem Dalmatiner nie zuviel sein und er ist schwer zu erschöpfen. Er wird wenigstens zwei Stunden flotten Gehens und Herumtollens benötigen, was für Sie etwa acht bis zehn Kilometer, für den Hund mindestens die doppelte Strecke ausmachen wird. Mit dem Fahrrad sind 15 bis 20 Kilometer eine passende Strecke. Zwischendurch wird ihm ausreichend Gelegenheit für eine Pause geboten, die Sie jedoch meistens mehr benötigen als Ihr Vierbeiner. Für junge Hunde steigern Sie die Strecke von anfänglich vier bis fünf Kilometer allmählich, für ältere nehmen Sie sie entsprechend zurück, wobei Sie dann ja schon ein Fingerspitzengefühl für das richtige Maß haben werden. Bei der genannten Bewegung, möglichst auf zwei Einheiten pro Tag aufgeteilt, läßt

sich der Dalmatiner auch in einer Stadtwohnung gut halten. Idealer ist ein Haus mit Garten, was aber nicht die stramme Bewegung für und mit ihm ersetzen darf.

Ansprüche an das Zuhause

Der Dalmatiner ist sehr anpassungsfähig und benimmt sich in seinem Zuhause eher zurückhaltend und ruhig. Aufgrund seines kurzen, harten Fells liebt er es warm und kuschelig. Auf einen Fliesenboden legt er sich nicht gern, außer bei großer Hitze im Sommer. Wo Parkettboden oder Fliesen sind, ist er für einen Teppich oder Vorleger dankbar. Sonst ist es angebracht, sein Körbchen oder die Hundematte in der Nähe Ihrer Couch oder Ihres Sessels zu plazieren. Daß er gern am Familienleben teilhat, ist ja selbstverständlich und dem Dalmatiner ein Bedürfnis.

In der Wohnung
Im Haus ist der Dalmatiner ein vorbildlicher Hund, benimmt sich tadellos und liebt die Reinlichkeit. Mit seinem pflegeleichten, harten Kurzhaar ist er immer adrett. Selbst mit feuchtem Fell riecht er nicht streng, wie das bei anderen Rassen häufig üblich ist.

Garantiert „sturmfreie Bude"
dank Gardinentür-Durchschlupf

Die Hündinnen Anna und Penny sind vorbildliche Mitbewohner

Der Dalmatiner ist kein Kläffer, sondern eher ruhig. Das macht ihn für die Nachbarn ebenso sympathisch wie seine unaufdringliche Art. Liegt die Stadtwohnung in einer oberen Etage ohne Fahrstuhl, dann kann das viele Treppensteigen etwas problematisch werden. Dieses trifft vor allem dann zu, wenn der Dalmatiner zu übergewichtig und zu wenig trainiert ist.

Im Haus mit Garten

Ideal ist die Haltung des Dalmatiners im Haus mit Garten. Dann kann sich der Hund zusätzliche Bewegung, Beschäftigung und ausreichend frische Luft verschaffen. Auch kann er einen bestimmten Löseplatz im Garten allein aufsuchen. Wichtig ist, daß gemeinsame Spaziergänge oder Radfahren mit dem Hund nicht vernachlässigt werden. Diese machen ihm ja doch mehr Spaß als das Alleinsein im Garten.

Unser Tip

Für das Sommerhalbjahr kann eine Terrassentür aus Fliegengaze eingebaut werden, die im unteren Teil eine in der Mitte überlappende Gardine aus Tüll enthält. Hierdurch kann der Hund jederzeit hinaus und hinein, Fliegen und Mücken bleiben ausgesperrt.

Urlaub mit dem Dalmatiner

Die Fahrt im eigenen Auto

Wenn Sie den Dalmatiner im Auto in den Urlaub mitnehmen können, ist das eine feine Sache. Die meisten Dalmatiner fahren gerne Auto. Der Platz für den Hund ist hinten, wenn möglich die mit Sicherheitsnetz abgeteilte offene Ladefläche eines Kombis. Doch auch die meisten anderen Autos können bequem und sicher für Hund und Menschen eingerichtet werden.

Fährt der Hund auf dem Rücksitz mit, dann gibt es für seine Sicherheit Anschnallgurte, die ihm genügend Bewegungsfreiheit lassen. Auch hier muß zwischen hinterer Sitzreihe und der vorderen ein Netz installiert werden. Auf keinen Fall darf er von einem Platz zum anderen wandern und den Fahrer ablenken oder gar behindern. Das wäre grob fahrlässig, und die Versicherung würde im Falle eines Unfalls nicht für den eigenen Schaden aufkommen.

Unser Tip

Geben Sie dem Hund einige Stunden vor Reisebeginn kein Futter mehr.

Der Hund muß als „Autofahrer" genauso gut erzogen werden, wie in allen anderen Belangen. Dann macht die Urlaubsreise mit ihm Freude. Zum Beispiel darf er nicht eigenmächtig hinein- oder herausgetobt kommen. Letzteres könnte für ihn auch gefährlich werden, indem er vor ein herannahendes Auto gerät. Auch einsteigen darf er erst auf Erlaubnis.

Manchen Hunden wird trotz Freude am Autofahren schnell übel und sie müssen leicht erbrechen. Man kann ihm den Zustand ansehen und sollte bei erstbester Gelegenheit halten, ihm frische Luft und eine längere Pause

Nur wenn der Hund gut erzogen ist, macht die Urlaubsreise mit ihm Freude

Aufbruchstimmung – und letzte Gelegenheit für dringende Geschäfte

gönnen. Es gibt Reisemedikamente, über die Sie Ihr Tierarzt beraten wird. Leicht kommt es auch zu sehr großer Hitze im Auto, die er sehr schlecht verträgt. Reisen Sie deshalb mit dem Hund im Sommer morgens, abends oder in der Nacht. Lassen Sie ihn während einer Rast nicht im Auto zurück – auch nicht, wenn es im Schatten steht. Der Hitzestau kann ihn umbringen. Keine offenen Fenster während der Fahrt, denn Zugluft ist schädlich. Atemwegserkrankungen bis hin zur Lungenentzündung sind schnell die Folge.

Wichtig: Denken Sie daran, daß auch er für eine Pause alle zwei Stunden dankbar ist. Auf dem Rastplatz geben Sie ihm (stets angeleint) die Möglichkeit, umherzulaufen und sein Geschäft zu verrichten. Etwas frisches Wasser sollte ihm auch angeboten werden.

Mit der Bahn

Für kürzere Reisen kann auch die Bahn gewählt werden. Ein Dalmatiner hat es allerdings nicht leicht, die hohen, steilen Stufen beim Ein- und Aussteigen zu meistern. Im Abteil ist ein Platz gegenüber Ihnen als Hundebesitzer zu reservieren, vor oder unter dem der Hund liegen sollte. Von nicht langer Dauer sollte die Bahnfahrt sein, weil neben dem nervigen Rattern und Quietschen das Problem mit den

Während des Urlaubs auf dem Bauernhof werden freundschaftliche Beziehungen angeknüpft und Erfahrungen mit anderen Tieren gemacht

Bedürfnissen für den Hund auftaucht. Im Zug geht es nicht; und die Aufenthalte bei Zwischenstops sind fast immer zu kurz. Als Übung für Bahn-Urlaubsreisen eignen sich Fahrten mit der U- oder S-Bahn.

Urlaub auf dem Bauernhof

Es läßt sich mit dem Dalmatiner ein toller Urlaub auf einem Bauernhof buchen, von denen immer mehr auf Gäste mit Heimtieren eingestellt sind. So kann Ihr Hund erste oder weitere Erfahrungen mit vielen Tieren machen.

Flugreisen

Eine Flugreise mit dem Dalmatiner sollte man möglichst unterlassen. Er kann ja nicht, wie Kleinhunde mit einem Gewicht bis zu 5 kg als Handgepäck im Passagierraum mitfliegen. Für ihn bliebe nur das von seinen Menschen getrennte Fliegen im klimatisierten Frachtraum, eingesperrt in einer sogenannten „Jet-Box" aus Kunststoff mit Gittertür.

Schiffsreisen

Kurze Schiffsreisen könnten für den Dalmatiner öfter vorkommen, etwa über den Bodensee oder zu den Friesischen Inseln. Auf den Fähren nach Skandinavien sind Hunde keine seltenen Passagiere. Wichtig ist, für das Gastland die jeweiligen Einreisebestimmungen zu kennen und die erforderlichen (gültigen) Impfungen nachzuweisen. Dies gilt auch, falls Sie auf einer längeren Seereise oder ausgedehnten Kreuzfahrt fremdländische Häfen anlaufen.

Dieser 19 Tage alte Dalmatiner-Welpe muß noch zu Hause bleiben

Unser Tip

Es gibt heute schon recht viele Hotels, die Gäste mit Hund willkommen heißen. Ob es für eine Übernachtung auf der Durchreise oder für den längeren Aufenthalt am Urlaubsort ist, so sollten Sie alles vorher und ausdrücklich mit Dalmatiner buchen. Dann wissen die Hoteliers oder Wirtsleute gleich Bescheid.

Wohin mit dem Hund, wenn er nicht mitfährt?

Es gibt Hunde, auch Dalmatiner, die vor dem Autofahren Angst haben. Es mögen Fehler schon im Welpenalter gemacht worden sein, oder es kann sich um einen besonders empfindlichen Hund handeln, was sein Gleichgewichtsorgan oder den Geruchssinn betrifft. Sie sind dann gegenüber Treibstoff- oder Auspuff-Ausdünstungen allergisch. Zittern, Unwohlsein mit häufigem Erbrechen, sogar Umsichbeißen und Fluchtversuche sind häufig die Folge. Ist ihnen die Angst nicht zu nehmen, dann ist es besser, solche Tiere für die Zeit Ihrer Urlaubsreise zu Bekannten, Verwandten oder in eine gute Hundepension in Pflege zu geben.

Die Körperpflege

Allgemeines zur Pflege

Ein gut gepflegter Hund fühlt sich wohler. Auch trägt die Körperpflege zu seiner Gesunderhaltung bei. Zur Fellpflege gehört kurzes Bürsten, wobei dies im Normalfall zweimal wöchentlich genügen sollte. Für das kurze Fell ist eine sehr weiche Borstenbürste brauchbar. Manche Dalmatinerhalter und ihre Hunde mögen lieber eine Bürste oder einen Handschuh mit Gumminoppen. Hat der Hund sich bei nassem Wetter vollgespritzt, kann er mit einem feuchten Tuch abgerieben werden, wonach er sich an einem warmen Platz trocknen sollte. Alternativ kann er auch mit einem Frotteetuch abgerubbelt werden. Besonders wichtig ist die Fellpflege während des zweimal jährlichen Haarwechsels. Dann kann das Herumliegen der unzähligen weißen Haare durch tägliches Bürsten wenigstens verringert werden.

Baden, wie oft?

Unter normalen Umständen genügt ein- oder zweimaliges Baden im Jahr. Selbst grober Schmutz läßt sich leicht abfrottieren oder verschwindet von alleine, wenn der Hund durch hohes Gras läuft oder im Haferstroh herum-

tollt. Dann ist das Fell hinterher seidig glänzend.

Hat sich der Hund in Aas oder Fäkalien gewälzt (was für ihn eine fast zwanghafte Instinkthandlung sein kann), wird jedenfalls ein Bad fällig. Es sollte ein rückfettendes Spezialshampoo sein, damit Haar und Haut nicht austrocknen und um so leichter Feuchtigkeit wie Schmutz annehmen. Nach dem Bad, das etwa 30 °C warm sein sollte, ist der Hund mit einem Frotteetuch sorgfältig abzurubbeln. Einen warmen Platz zum endgültigen Abtrocknen des Fells wird der Dalmatiner ganz besonders lieben.

Augenpflege

Beim Dalmatiner hat man wenig Kummer mit den Augen bzw. mit den Bindehäuten, wie das bei manchen

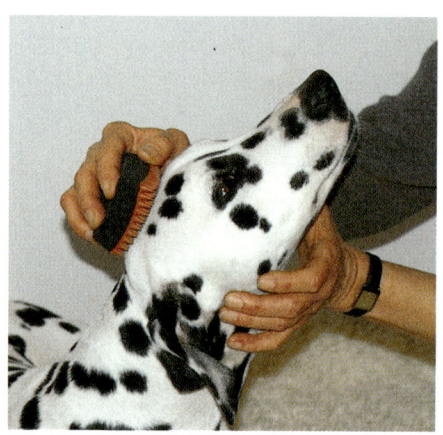

anderen Rassen der Fall ist. Wird der „Schlaf" mit einem weichen Leinentüchlein regelmäßig aus den Augenwinkeln entfernt (stets nach außen), fällt bestimmt auf, ob die Augen wässern oder sich womöglich Fremdkörper festgesetzt haben. Es kann auch zu Rötungen und Bindehautentzündungen kommen. Dann hat der Hund Juckreiz und kratzt sich wiederholt am Auge. In allen Fällen ist es ratsam, den Tierarzt zu konsultieren.

Ohrenpflege

Der Dalmatiner benötigt wegen seiner herabhängenden Ohren deren regelmäßige Kontrolle und Pflege. Das Reinigen wird mit einem nicht fusselnden Leinenläppchen, das um den Finger gewickelt wird, und einer speziellen Ohrenflüssigkeit vorgenommen. Kein

Wattestäbchen benutzen, das zu tief ins Ohr eindringen könnte. Überflüssiges Ohrenschmalz, leichte Verschmutzungen und Fremdkörper lassen sich auf diese Weise recht einfach entfernen. Bemerken Sie Krusten, Rötungen, Ausfluß oder üblen Geruch, ferner häufiges Kratzen am Ohr oder Kopfschütteln, dann sollte auf jeden Fall ein Tierarztbesuch fällig sein. Er kann ins Ohrinnere schauen, die Ursache feststellen und rechtzeitig helfen.

Zahnpflege

Im Alter von etwa vier Monaten verliert der junge Dalmatiner seine spitzen Milchzähne. Hat er noch welche,

Zeit für die Morgentoilette. Geduldig läßt der Dalmatiner Fell- und Ohrenpflege über sich ergehen

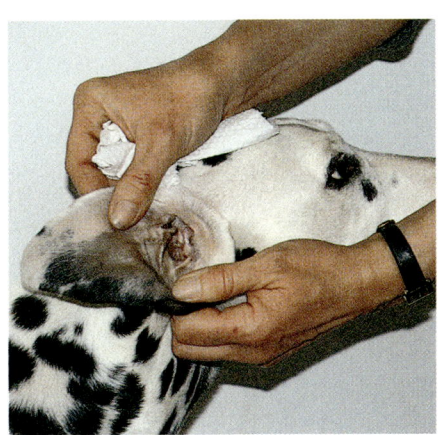
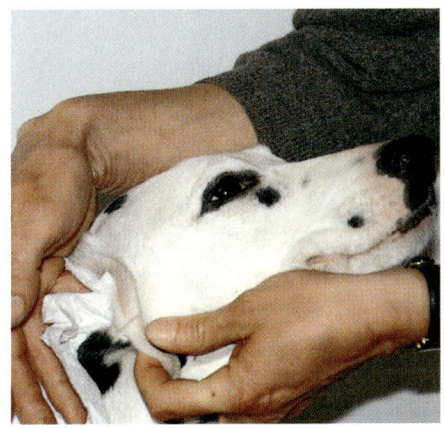

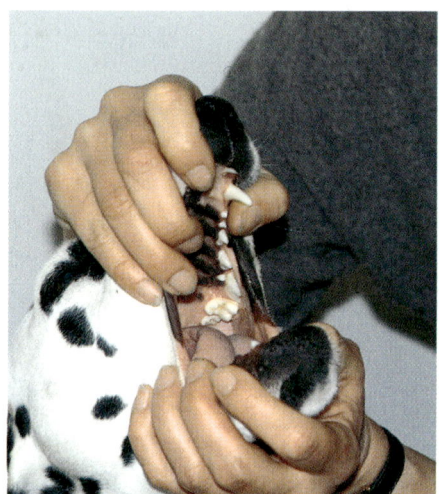

Das zweite Gebiß des Dalmatiners ist von bleibendem Wert und muß regelmäßig kontrolliert werden

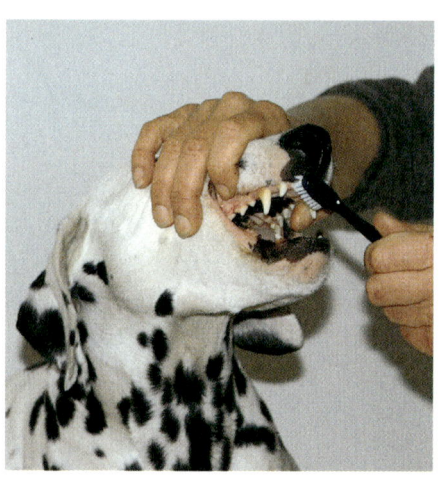

Mit Geduld und viel Lob kann man dem Dalmatiner sogar das Zähneputzen schmackhaft machen

wenn er sechs Monate alt ist, dann sollte der Tierarzt sie ziehen, da sie sonst die folgenden Zähne schief nachwachsen lassen können. Dieses Gebiß danach ist von bleibendem Wert. Dementsprechend sollte es behandelt werden. Der Hund kann Karies, Parodontose und Zahnstein bekommen, die Löcher, lose Zähne oder deren Ausfall, Zahnfleischentzündung und schlechten Mundgeruch verursachen. Dem kann abgeholfen werden, indem der Hund Büffelhaut-Kauknochen bekommt. Die reinigende Wirkung beruht auf Speichelbildung und Abrieb der Zahnbeläge durch das intensive Kauen.

Es gibt auch Zahnbürsten und Zahnpasta für Hunde. Dem jungen Hund kann das Zähneputzen durch viel Lob schmackhaft gemacht werden. Außerdem schmeckt ihm die Hundezahnpasta und darf verschluckt werden. Bei täglicher Zahnpflege wird das Gebiß gesund bleiben. Lassen Sie bei jedem Tierarztbesuch die Zähne kontrollieren und, wenn erforderlich, den Zahnstein entfernen.

Ballen- und Krallenpflege

Der Dalmatiner trägt keine Schuhe, folglich kann er sich in oder zwischen die Ballen seiner Pfoten allerlei an spitzen oder scharfen Fremdkörpern ein-

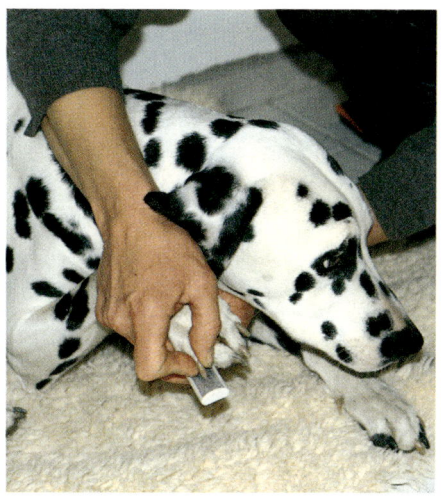

▬▬▬ *Zu lang gewachsene Krallen müssen beschnitten werden, was man am besten dem Tierarzt überläßt*

▬▬▬ *Sehr viel angenehmer für den Hund ist es, wenn man seine Krallen mit der Nagelfeile kürzt*

stechen. Andere kleben oder haften am Fell oder an der Haut, wenn der Hund beispielsweise in warmen Teer oder Asphalt getreten oder mit anderen klebrigen Substanzen in Berührung gekommen ist.

Besonders groß ist die Gefahr von Verletzungen im Winter, wenn scharfes Streugranulat leicht in die durch die Kälte weniger elastische Haut dringt. Hinzu kommen Eisklumpen, die sich an den Pfoten des Dalmatiners zwar weniger leicht festsetzen als bei langhaarigen Hunden, jedoch die Haut zwischen den Zehen wundscheuern können.

Gefährlicher ist Streusalz, das nicht nur zwischen den Zehen, sondern auch an den Ballen zu Entzündungen führen kann. Nach dem Aufenthalt im Freien bei Schnee werden die Füße handwarm abgewaschen, gut abgetrocknet und mit Ballen-Balsam eingerieben. So bleibt die Haut elastisch.

Das Beschneiden zu lang gewachsener Krallen überlassen Sie am besten dem Tierarzt. Oder lassen Sie es sich von einem erfahrenen Hundehalter zeigen. Eine stabile Krallenzange ist für das Beschneiden empfehlenswert. Es geht auch mit einer Nagelfeile, was dem Hund mehr behagt.

Wann ist Kastration zu empfehlen?

Als Kastration wird das Unfruchtbarmachen des Rüden wie auch der Hündin bezeichnet. Dieser Eingriff ist bei einem Rüden dann zu empfehlen, wenn er ein unverbesserlicher Raufer und/oder hypersexual veranlagt ist, unbedingt Ranghöchster in der Familie sein will und sich Menschen gegenüber aggressiv verhält. Auch wenn ein oder beide Hoden in der Bauchhöhle stecken, können durch die Kastration Hodentumore vermieden werden. Bei einer Hündin ist Kastration zu empfehlen, wenn mit ihr nie oder nicht mehr gezüchtet werden soll. Es braucht dann nicht gegen Läufigkeit gespritzt zu werden. Bei Neigung zu Gebärmutterentzündung und bei häufiger Scheinträchtigkeit ist der Eingriff ebenfalls ratsam.

Es stimmt nicht, daß kastrierte Hunde dicker und phlegmatischer werden. Oft werden sie sogar schlanker. Sie zeigen sich anhänglicher und häuslicher, ordnen sich leichter unter. Entschließt sich der Hundebesitzer zu einer Kastration, wird sie am besten im Alter von einem bis eineinhalb Jahren vorgenommen.

Gesundheitsvorsorge

Allgemeine Vorsorge

Mit viel Bewegung, vollwertiger, aber maßvoller Ernährung und guter Körperpflege, wie in den Kapiteln des vorigen Abschnitts dargelegt, lassen sich die meisten Krankheiten vermeiden. Der Dalmatiner ist von Natur sehr vital und kommt unseren Bemühungen nach einer Gesundheitsvorsorge freudig entgegen. Selbst Infektionen haben bei guter Konstitution und seelischem Wohlbefinden weniger Chancen, den Hund zu befallen. Dies soll allerdings nicht heißen, daß die Impfungen gegen die schwersten Hundekrankheiten, die im folgenden Kapitel zur Sprache kommen, unterbleiben könnten.

Impfplan

Um den Hund vor Infektionskrankheiten zu schützen, sollte er geimpft werden. Es gibt Krankheiten, die dem Hund schwer zu schaffen machen oder ihn sogar sterben lassen können. Da es inzwischen Impfstoffe gegen die fünf schweren Hundeerkrankungen gibt (die alle nicht auf den Menschen

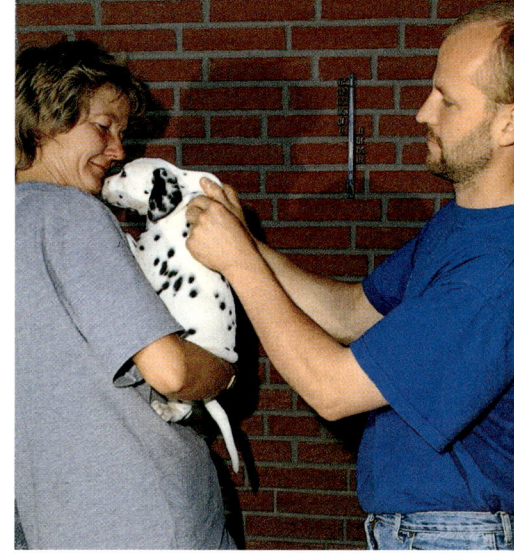

Sieben Wochen alt ist dieser Welpe bei seiner ersten Impfung

übertragen werden können), kann diese Gefahr gebannt werden. Schon beim Züchter erhält der Welpe seine erste Impfung gegen diese fünf Infektionskrankheiten. Spätere Nachimpfungen sind notwendig, denn keine Schutzimpfung hält ein Hundeleben lang vor. Gegen was und wie oft geimpft werden muß, ersehen Sie aus folgender Übersicht.

Impfplan	
ca. 8 Wochen	Staupe, Hepatitis, Leptospirose, Parvovirose, Zwingerhusten
ca. 14 Wochen	Staupe, Hepatitis, Leptospirose, Parvovirose, Zwingerhusten
ca. 16 Wochen	Tollwut
ca 1 Jahr mit jährl. Auffrischung	Leptospirose, Parvovirose, Zwingerhusten, Tollwut
ca. 2 Jahre mit Auffrischung alle 2 Jahre	Staupe, Hepatitis

Da Krankheitserreger, besonders der Parvovirosevirus, gegenüber manchen Impfstoffen immun werden können, entwickeln die Pharmaunternehmen immer neue. Es besteht in manchen Fällen kein ausreichender Schutz für den Hund, wenn dieses nicht bedacht wird. Also mit etwas verschiedenen Impfstoffen immunisieren lassen!

Fieber und Fiebermessen
Die Normaltemperatur des Dalmatiners liegt bei 38,3 °C. Steigt sie über 39 °C, dann hat er Fieber. Fieber läßt auf eine Entzündung, meistens auf eine bakterielle Infektion schließen. Sind Ihnen die Ursache und ein Mittel zu ihrer Bekämpfung nicht bekannt,

ist der Tierarzt zu konsultieren. Die oft noch gefährlichere Untertemperatur, weniger als 38 °C, wird oft nach einem Schock (etwa bei Unfall), inneren Blutungen oder einem Kollaps (häufig bei zu großer Hitze) gemessen und erfordert neben Ruhiglegen sofortige tierärztliche Hilfe.
Auf Fieber deuten trübe Augen, ein heißer Körper und eine trockene, warme Nase hin. Auf Fiebermessen darf jedoch nicht verzichtet werden. Es geschieht rektal, und das Thermometer wird mit Hilfe von Vaseline oder neutraler Hautcreme eingeführt. Der liegende oder auch stehende Dalmatiner und seine Rute werden beim Messen festgehalten.

Eingeben von Arznei

Flüssige Arznei wird mit dem Löffel, der Pipette oder einer Einwegspritze ohne Nadel von der Seite eingegeben. Der Kopf darf nicht zu hoch gehalten werden, damit der Hund sich nicht verschluckt. Pillen und Kapseln werden ihm möglichst weit hinten auf die Zunge gelegt. Danach wird das Abschlucken beobachtet.

Gute Pflege und sauberes Umfeld schützen vor Krankheiten

Der kranke Hund

Es kommt selten vor, daß der Dalmatiner krank wird. Erste Anzeichen eines gestörten Allgemeinbefindens lassen sich an seiner Appetitlosigkeit und/oder Teilnahmslosigkeit erkennen. Die Augen zeigen oft nicht mehr den gewohnten Glanz. Durchfall, Erbrechen (mit Ausnahme des harmlosen nach Grasfressen) sind weitere Anzeichen dafür, ob der Hund möglicherweise krank ist.

Experimentieren Sie nicht lange herum, sondern registrieren Sie alle Symptome und schreiben Sie sie auf. Messen Sie auch die Temperatur des Hundes zu verschiedenen Zeiten. Alles kann hilfreich für den Tierarzt sein, die Ursache der Erkrankung schnell herauszufinden.

Schwachstellen des Dalmatiners

Manchmal zuviel Harnsäure

Einigen Dalmatinern fällt es schwer, genügend Harnsäure auszuscheiden. Das liegt daran, daß tierische Eiweißstoffe schlecht umgewandelt und ausgeschieden werden können. Durch zuviel Eiweiß im Blut kann es zu Haut- und Fellproblemen mit bräunlichen Stellen im weißen Fell kommen. Diese bräunlichen Flecken können sich zu Ekzemen ausweiten und heftigen Juckreiz auslösen. Es können sich Harngries und Harnsäuresteine (Nierensteine) bilden. Da es sich um eine erbliche Stoffwechselschwäche handelt, ist Dalmatinern mit zuviel Harnsäure im Blut mit einer eiweißärmeren Ernährung als für andere Hunde gedient.

Bei Hunden, die darunter leiden, ist der Harnsäurespiegel regelmäßig zu kontrollieren. An Eiweiß, also hauptsächlich Fleisch, sollte vorbeugend allen Dalmatinern nur soviel wie nötig gegeben werden. Zu rigoroser Entzug von Fleisch ist auch nicht gut und könnte im Laufe der Zeit zu Mangelerscheinungen führen.

Taubheit

Ein kleiner Prozentsatz der Dalmatiner ist schon von Geburt an taub. Ausgelöst wird die Taubheit durch ein erbliches Pigmentmangel-Gen, Merlefaktor genannt. Es ist eine Veranlagung, die nicht nur beim Dalmatiner, sondern auch bei anderen getupften oder getigerten Hunden auftreten kann.

Bei Verdacht durch den Züchter kann dies mit den heutigen Möglichkeiten eindeutig festgestellt werden.

Das Einschläfern des kleinen Welpen durch den Tierarzt ist für ihn entschieden besser, als sich gehörlos orientieren zu müssen.

Dalmatiner sind widerstandsfähig und werden nur selten krank

Häufige Plagegeister

Ungeziefer verschiedener Art

Es ist nicht immer möglich, den Hund vor Parasiten zu schützen. Durch regelmäßige Kontrollen und frühzeitige Gegenmaßnahmen können wir das Ungeziefer jedoch kurzhalten oder vernichten, bevor es dem Hund Pein und Schaden zufügt. Als wichtigste Maßnahme ist Hygiene zu betrachten. Ein gut gepflegter Hund und sauberes Umfeld ersparen viel Leid für den Hund und Sorgen wie auch Kosten für den Besitzer.

◆ *Zecken*

Jeder Hund kann von Zecken befallen werden, besonders wenn er zwischen hohen Gräsern und Gebüsch umherläuft. Die Zecken lassen sich auf den Hund fal-

Auch im Hundelager siedeln sich Floheier und Flöhe an

len, beißen sich sogleich in der Haut fest und saugen Blut. Beim Dalmatiner sind Zecken auf dem kurzen, weißen Fell recht leicht zu sehen, zumal sie zu maiskorngroßen Ballons anschwellen. Sie vollständig aus der Haut zu ziehen ist notwendig, soll sich der Einstich durch den verbliebenen Stachel (und Kopf) nicht entzünden.

Zecken lassen sich mit einer Zeckenzange leicht fassen und gegen den Uhrzeigersinn aus der Haut drehen. Kitzelt man sie zuvor auf ihrer Rück-

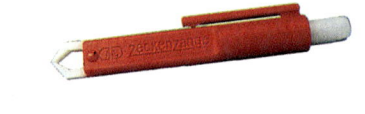

Zeckenzange

seite, lassen sie leichter los. Werden sie dagegen mit Öl oder Alkohol beträufelt, geben sie vor ihrem Tod noch eine erhöhte Dosis Gift ab. Während des Aufenthalts in Feld und Wald hilft auch ein Zeckenhalsband, das diese und andere Parasiten davon abhält, sich auf dem Hund festzusetzen. Nicht zum dauernden Tragen geeignet!

◆ *Flöhe*

 Auch ein gut gepflegter Hund kann Flöhe von Begegnungen mit anderen Vierbeinern mitbringen. Diese sind für Sie nicht leicht zu entdecken, doch Sie merken es, wenn der Hund sich andauernd kratzt. Auch können Sie die Flöhe oder zumindest ihren rötlichbraunen Kot (die Farbe kommt vom ausgeschiedenen Hundeblut) im Fell entdecken. Bevorzugte Plätze der Flöhe sind der Hals, die Ohrenumgebung, die Innenseiten der Beinansätze. Hunde-, Katzen-, Igelflöhe und manche andere nehmen mit dem Hund vorlieb. Werden die ersten nicht erkannt, kann sich durch Ablage von Eiern binnen 14 Tagen eine neue Flohgeneration zum Saugen beim Hund verbreiten. Um zu Blutarmut zu führen, bedarf es vieler Flöhe. Doch es kommt durch das ständige Kratzen schnell zu Ekzemen. Die Stiche juk-ken ja noch eine Woche lang nach. Die Flöhe können obendrein verschie-dene Krankheitserreger übertragen. Zu ihrer Bekämpfung gehört neben dem Kontrollieren der meistbefallenen Stellen der Haut, dem Durchkämmen mit einem Floh- oder Läusekamm, auch der Einsatz eines chemischen Mittels wie eines Sprays, Puders oder Badezusatzes. Die Augen des Hundes sind davor zu schützen. Da sich die Floheier und Flöhe bald nicht nur auf dem Hund, sondern auch in der ganzen Wohnung finden lassen, wäre der Einsatz eines Fliegenstrips ratsam, der aus einer Kunststoffplatte den Wirkstoff Dichlorvos verströmt. Dieser tötet alle Parasiten im Raum und in den unzugänglichen Verstecken ab. Gegen Flöhe gibt es neuerdings beim Tierarzt für den Hund verträgliche Mittel zum Einnehmen. Sie bewirken, daß die Flo-heier keine Chitinhaut mehr bilden können und somit nicht lebensfähig sind. Auch der Chit-inpanzer der Flöhe wird durch das

Saugen des angereicherten Blutes offensichtlich erweicht. Die Flöhe kön-nen nicht mehr richtig laufen und schon gar nicht springen. Übrigens ist es der gleiche Wirkstoff wie bei Hunde-Flohhalsbändern.

◆ Läuse

Läuse und Haarlinge verursachen Juckreiz, Ekzeme oder Haarausfall. Je nach Art leben sie von den Haut-schuppen des Hundes, oder aber von seinem Blut. Sie und ihre Eipakete können mit einem Läusekamm aus dem Fell herausgekämmt und somit festgestellt werden. Ihre Bekämpfung erfolgt mit den gleichen Mitteln wie unter „Flöhe" erwähnt.

◆ Milben

An Milben gibt es eine ganze Reihe, die den Hunden das Leben schwer-machen. Sie können als Haarbalg-milben Haarausfall bewirken. Als Herbstgrasmilben verursachen sie besonders starken Juck-reiz, und durch das Kratzen entstehen Hautent-zündungen. Ohrmilben sind für die Ohrräude verantwortlich. Es bil-

Parasiten und ihre Bekämpfung

◆ *Flöhe*	*Badezusatz, Fliegenstrip, Flohhalsband, Flohkamm, Puder, Tabletten*
◆ *Haarbalgmilben*	*Badezusatz, Puder, Spray*
◆ *Haarlinge*	*Läusekamm, Puder, Spray*
◆ *Läuse*	*Läusekamm, Puder, Spray*
◆ *Milben*	*Badezusatz, Puder, Spray*
◆ *Ohrmilben*	*Behandlung durch den Tierarzt*
◆ *Würmer*	*Wurmmittel vom Tierarzt*
◆ *Zecken*	*Herauskitzeln, Zeckenzange*

den sich Krusten und Entzündungen im Ohrinnern. Ein Tierarzt ist bei Befall aufzusuchen, die erhaltenen Mittel gewissenhaft anzuwenden. Sonst kann es zu Dauerschäden für den Hund kommen.

◆ *Würmer*
Es gibt verschiedene Würmer, die Hunde befallen können. Welpen leiden vor allem unter Spulwürmern. Deshalb sollte man sie regelmäßig einer Wurmkur unterziehen, und zwar bereits im Alter von sechs bis acht Wochen und dann vierteljährlich. Erwachsene Hunde bzw. deren Kot ist

zu kontrollieren. Darin befinden sich manchmal Finnen von Bandwürmern und Eier anderer Würmer.
Die Übertragung geschieht von Hund zu Hund, über deren Kot, über den Verzehr von rohem Fleisch oder Fisch, über Flöhe und andere Ektoparasiten. Das sind die wichtigsten der unzähligen Infektionsquellen.
Die Hunde leiden unter Juckreiz und zeigen das sogenannte Schlittenfahren. Sie können den Appetit verlieren, abmagern und erkranken. Eine Vorbeugekur ist einfacher und billiger als eine langwierige Behandlung. Scheuen Sie auf keinen Fall den Tierarztbesuch.

Züchten – ja oder nein

Überlegungen vor dem Züchten

Angenommen Sie besitzen eine wunderschöne Hündin bester Abstammung mit idealer Punkteverteilung. Dann könnte Ihr Beweggrund, sich für die Zucht zu entscheiden, der sein, daß sich mit den Welpen ein schönes Taschengeld verdienen ließe. Das mag auch zutreffen, doch dürfen Sie dann alle Ihre Kosten, Mühen und die viele Zeit nicht rechnen, die Sie in das Unternehmen Dalmatinerzucht investieren. Lukrativ wird die Zucht in keinem Falle sein.

Die Hündin decken zu lassen, damit sie einmal in ihrem Leben Junge hat, war und ist für manche Dalmatinerbesitzer auch ein Argument für die Zucht. Es heißt, es täte ihrer Gesundheit gut und sie würde ausgeglichener in ihrem Wesen werden. Natürlich kann es

zutreffen, daß eine Hündin umgänglicher und anschmiegsamer wird, wenn sie Junge gehabt hat, doch stehen dieser Erfahrung auch gegensätzliche Beobachtungen gegenüber. In den meisten Fällen bleibt eine Hündin allerdings so, wie sie vorher war.

Vielleicht haben Sie ja Ihre ganz persönlichen Gründe, es einmal mit der Dalmatinerzucht zu versuchen. Und wenn Sie Neugierde und Begeisterung packen, dann haben Sie gute Grundlagen für das Abenteuer, auf das Sie sich einlassen. Es gehört nämlich eine große Menge Idealismus dazu.

Voraussetzung und Verantwortung

Voraussetzung für die Zucht ist die Mitgliedschaft in einem der anerkannten Dalmatiner-Clubs, die wiederum dem jeweiligen Landesverband angeschlossen sein müssen. Das sind in

An der Steh-Milchbar: sechs Wochen alte Welpen bedienen sich

den deutschsprachigen Ländern der Verband für das Deutsche Hundewesen (VDH), der Österreichische Kynologenverband (ÖKV) und die Schweizerische Kynologische Gesellschaft (SKG). Diese sind, zusammen mit anderen ausländischen Verbänden in der ganzen Welt, in der Fédération Cynologique Internationale (F.C.I.) zusammengeschlossen, also dem Welthundeverband.

Besitzen Sie eine Hündin mit Papieren eines der angeschlossenen Verbände und weist sie einen lückenlosen Stammbaum über drei Generationen auf, dann sind die Voraussetzungen für die Zucht mit ihr erfüllt. Um Junge zu erzielen, die dem Standard sehr nahe kommen, ist die Teilnahme mit der Zuchthündin in spe an einigen Wettbewerben, also Ausstellungen, sehr ratsam. Dann erkennen Sie, ob es Sinn hat, mit ihr zu züchten. Sie wollen ja glückliche Welpen mit makellosem Körperbau, guten Charaktereigenschaften und freundlichem Wesen heranziehen. Die sollen ihren späteren Besitzern Freude bereiten und nicht bereits als Problemhunde geboren werden oder aufwachsen.

Darum sollten Sie auch, falls Sie weiterhin züchten, bei nur einer oder zwei Hündinnen bleiben. Sie wollen ja die Individualität jedes Hundes kennen und fördern und Anteil am Heranwachsen jedes einzelnen Welpen nehmen. Den erwartungsvollen Käufern möchten Sie Tiere anvertrauen, die deren

Erwartungen möglichst übertreffen und deren Begeisterung für den Dalmatiner noch steigert.

Kaufen Sie nur Hunde mit Familienanschluß

Kaufen Sie den Welpen nur dort, wo die Hunde im Familienverband leben und die Hündin unter den eben geschilderten Bedingungen ihre Jungen bekommen und aufziehen darf! Die Welpen sollen von klein an die liebevolle Behandlung durch ihre Menschen kennenlernen, bald auch der anderer Menschen, besonders auch von Kindern.

Häufig werden von diesen Vermehrern Welpen verschiedenster Rassen angeboten, meistens solche, die gerade in

Mode sind; und gehen die Welpen bei ihm zur Neige, werden aus dunklen Kanälen weitere herbeigeschafft.

Unser Tip

Kaufen Sie nie dort, wo die Hunde nicht den Familienanschluß haben, wo oft eine Anzahl von Hündinnen mit ihren Jungen in Zwingern leben.

Lassen Sie sich nicht durch wunderhübsch aufgemachte Stammbäume täuschen. Diese haben nur Wert, wenn sie von den großen Verbänden mit Beglaubigung der Zuchtwarte stammen. Oft sind die Welpen auch nicht entwurmt und geimpft. Hunde aus den Massenzuchten sind lediglich Ware, die schnell vermehrt wird, so-

Dalmatiner-Hündin tragend und mit ihren drei Tage alten Welpen

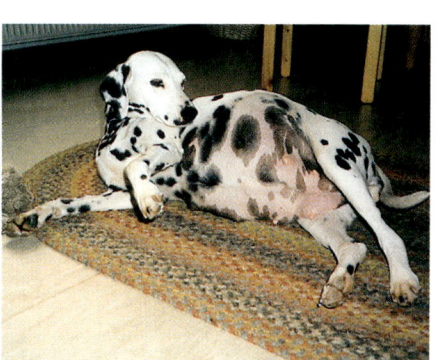

lange sie Profit abwirft. Da wird keine Rücksicht darauf genommen, ob die Elterntiere körperliche oder Wesensfehler haben.

Bei seriösen, organisierten Züchtern spielt gerade diese Auslese von Rüde und Hündin eine wichtige Rolle. Die Hunde müssen durch verschiedene Prüfungen und Bewertungen, bevor die Züchter die Erlaubnis erhalten, mit ihnen zu züchten. Nur dann gibt es die Papiere für die Welpen. Ferner wird eine zeitliche Beschränkung auferlegt, nach der mit der Hündin erst wieder gezüchtet werden darf. Dies soll verhindern, daß die Hündin überfordert und der nächste Nachwuchs schwächlich werden könnte.

Daten und Zahlen zur Dalmatinerzucht

Im Alter von acht bis zwölf Monaten ist die Hündin, je nach Rasse und Größe, geschlechtsreif. Danach kommt sie durchschnittlich alle halbe Jahr in „Hitze". Vom Eintreten der Brunstblutung dauert die Hitze zwei Wochen, doch nur vom 9. bis 14. Tag kann sie trächtig werden, meistens sogar nur vom 11. bis 13. Tag.

Daten zur Zucht	
Geschlechtsreife und 1. Hitze	zwischen dem 8. und 12. Monat
Dauer der Hitze	2 Wochen
empfängnisfähig	vom 9. bs 14. Tag der Hitze
Tragezeit	56 bis 70 Tage, meistens 63 Tage
Anzahl der Jungen	meistens 7, sonst 2 bis 10 (15)
Anzahl der Zitzen	meistens 10, manchmal 11
Säugedauer	6 bis 8 Wochen
erste vorverdaute Nahrung	ab der 3. Woche
Absetzen der Welpen	mit 8 bis 10 Wochen

Das Zusammenführen von Hündin und Rüde erfolgt nach Absprache der Besitzer, und zwar meistens beim Rüden. Möglichst viel Zeit ist vonnöten, denn nach der eigentlichen Paarung kommt es zu dem sogenannten Hängen, bei dem die beiden Tiere nicht auseinander können. Dies kann bis zu einer Stunde dauern und sollte nicht gestört werden, um Verletzungen auszuschließen. Nach neun Wochen, also nach 63 Tagen ist die Geburt der Welpen zu erwarten. Allerdings kann sich der Termin bis auf 56 Tage verkürzen oder bis auf 70 Tage verlängern.

Begeisterung ist ein häufiger Beweggrund für die Dalmatinerzucht

Anforderungen an eine Zuchthündin

Die Geburt geht beim Dalmatiner fast immer ohne Komplikationen vor sich, wobei die Hündin alleine damit fertig wird. Meistens erwartet sie jede Viertelstunde ein Baby, genügend Zeit, die Fruchtblase aufzureißen, die Nabelschnur durchzubeißen und das Kleine trockenzulecken. Nachdem alle Jungen da sind, meldet sich bei ihnen innerhalb zwei bis drei Stunden der erste Appetit. Die Milch der Hündin bleibt für sie in den ersten drei Wochen einzige Nahrung, bei der sie prächtig gedeihen. In dieser Zeit verdoppelt sich das Geburtsgewicht der Welpen wöchentlich. Ab dem Alter von drei Wochen gibt die Hündin den Kleinen schon etwas vorverdaute Nahrung. Es kann auch mit der Zufütterung begonnen werden.

Jetzt braucht die Hündin einen erhöhten Platz oder eine niedrige Gittertür, über die sie springen kann, um sich vor den Welpen zeitweise zu retten. Deren spitzes Milchgebiß bereitet der Hündin während des Säugens ziemliche Schmerzen. So bekommen sie immer seltener Milch; das Zufüttern wird dringlicher und häufiger. Mit acht bis zehn Wochen hat die Hündin die Welpen fast ganz entwöhnt. Sie spielt mit ihnen und bewacht sie, doch ist schon der Zeitpunkt der Trennung nahe. Vorher werden die Kleinen noch entwurmt und geimpft.

Dalmatiner auf Ausstellungen

Sinn der Schauen

Dalmatinerbesitzer gehen mit ihrem Hund aus verschiedenen Gründen zu einer Hundeschau. Sie möchten sehen und vergleichen, wie ihr Hund mit den anderen der Rasse konkurrieren kann. Kontakte mit anderen Dalmatinerbesitzern zu knüpfen, ist ebenfalls ein Grund. Natürlich möchten sie auch gern einen 1. Platz, eine Urkunde und einen Pokal mit ihrem Hund gewinnen. Es ist ja auch möglich, daß der Hund ein Nationaler oder gar Internationaler Champion wird. Doch bis dahin ist es ein weiter Weg: Um Internationaler Schönheits-Champion zu werden, muß der Hund viermal innerhalb eines Zeitraumes von mehr als einem Jahr unter drei verschiedenen Zuchtrichtern bei Schauen in drei verschiedenen Ländern eine Anwartschaft, genannt CACIB (Certificat d'aptitude au championat international de beauté) erwerben. Dafür muß er in seiner Klasse mit vorzüglich 1 gewinnen und wirklich hervorragend sein. Der Zweitplazierte (vorzüglich 2) erhält ein sogenanntes Reserve-CACIB. Damit kann er die An-

wartschaft erlangen, falls der Sieger bereits Internationaler Champion ist oder falls die Papiere nicht vollständig sind. Nationale- sowie Club- oder Vereinsschauen stehen ebenfalls unter dem Patronat des jeweiligen Verbandes. Hier wird genauso wie bei internationalen Wettbewerben vorgegangen. Zu erwerben ist der Titel eines „Nationalen Schönheits-Champions", allerdings auch erst nach vier gewonnenen Anwartschaften mit der Bezeichnung CAC (Certificat d'aptitude au championat). Hierfür kommen Vorzüglich-1-Hunde in Betracht, für das Reserve-CAC in Ermangelung eines Vorzüglich-2-Hundes ausnahmsweise ein Sehr-gut-1-Hund.

Von Verbandsseite steht bei den Schauen im Vordergrund, die Vorzüge und Mängel des einzelnen Kandidaten festzustellen und zu sehen, wieweit er dem Standard entspricht und ob er für

Von rechts: Die Junghündinnen Amati und Aglaia vom Jahrenschen Hof und ihre Mutter, Larissa von der Rhön, schon mehrfach preisgekrönt

die Zucht zu empfehlen oder überhaupt zuchttauglich ist. Deshalb wird auch von Zuchtschauen gesprochen. Nur die mehrfachen Sieger und die zweit- und drittplazierten Hunde mit den Noten „vorzüglich" oder „sehr gut" erhalten bei den Rüden nach eingehender Körung die Eignung zum Deckrüden zuerkannt. Damit eine möglichst gerechte Bewertung vorgenommen werden kann, werden Einteilungen nach Alter und Geschlecht vorgenommen. Hündinnen und Rüden konkurrieren also in getrennten Klassen.

Einteilung der Klassen

Hunde, die schon einen Titel erworben haben, bleiben bei der Bewertung unter sich, der Championklasse. So haben alle anderen Hunde in der offenen Klasse die Möglichkeit zu gewinnen und damit die Anwartschaft zu erlangen.

In der Jüngstenklasse werden auf kleineren Zuchtschauen beide Geschlechter zusammen bewertet. Sie erhalten ohnehin noch keine Noten wie die Hunde der anderen Klassen, sondern Aussagen (siehe Tabelle links).

Klassen auf Zuchtschauen

Jüngstenklasse	6–9 Monate
Jugendklasse	9–18 Monate
Offene Klasse	ab 15 Monate
Champion-Klasse	ab 15 Monate mit Champion-Titel
Veteranen-Klasse	ab 8 Jahre

Jüngstenklasse (6–9 Monate)

vielversprechend (vv)
versprechend (vsp)
wenig versprechend (wv)

Alle anderen Klassen

vorzüglich (v)
sehr gut (sg)
gut (gut)
genügend (ggd)
nicht genügend (nggd)

Voraussetzungen für die Teilnahme

Für jeden Hund, der auf einer Schau in Wettstreit treten soll, muß der Besitzer folgende Papiere besitzen: Lückenloser Stammbaum der letzten drei Generationen vom zuständigen nationalen Verband, der der F.C.I. angeschlossenen ist. Ferner ist ein gültiger Impfpaß vorzuweisen, aus dem hervorgeht, daß die erforderlichen Impfungen, wie beispielsweise gegen Tollwut, dem Hund noch Schutz

Der Dalmatiner ist mental und körperlich auf langes Laufen eingestellt

bieten. Zu Schauen, die für ein bestimmtes Datum geschützt sind, ist vorherige schriftliche Anmeldung erforderlich und die Teilnahmegebühr zu entrichten. Eine andere Voraussetzung sollte sein, mit dem Hund das Benehmen auf Schauen und im Schauring zu trainieren. Zwar zeigt sich der Dalmatiner von Natur gern und von seiner besten Seite, doch gehören einige Übungen dazu, die er als guter Schauhund einfach beherrschen muß. Das sind vor allem das vorteilhafte Stehen und das lockere Laufen im Vorführring. Auch muß der Hund das Angefaßtwerden und die Gebißkontrolle durch den Zuchtrichter mit Gleichmut zu erdulden lernen. Wenn Sie beabsichtigen, mit dem Hund Schauen zu besuchen, sollten Sie mit diesen Übungen schon früh beginnen. Für dieses Training, und nur für dieses, und für das tatsächliche Vorführen im Schauring nehmen Sie eine spezielle Leine und Halsung. Dann wird der Dalmatiner gleich wissen, worum es geht.

Eine Voraussetzung erfüllen der VDH und die ihm angeschlossenen Veranstalter für den Dalmatiner leider noch (Stand 1996) nicht: Ihm einen größeren Vorführring als für die kleinen Gesellschafts- und Begleithunde zu bieten, zu denen er in Deutschland eingestuft wird. Um seine eleganten Bewegungen richtig zeigen zu können, braucht er als Laufhund (wozu der Dalmatiner in der Schweiz und durch die F.C.I. gezählt wird) einen entsprechend großen Ring.

Anhang

Literatur

Bartmettler, L.:
Dalmatiner, Ursprung, Aufzucht, Erziehung, Pflege. Müller Rüschlikon, Cham 1996

Baumann, D.:
Hunde – 112 Rassen und ihre Haltung. Verlag Eugen Ulmer, Stuttgart 1993

Baumann, D.:
Hunde erziehen. Ulmer, Stuttgart 1995

Beck, P.:
Das Beste für meinen Hund, Profitips für Hundefreunde. Franckh-Kosmos, Stuttgart 1995

Gregory, G.:
Dalmatiner. Kynos, Mürlenbach 1994

Wagner, E.:
Der Dalmatiner, Praktische Ratschläge für Haltung, Pflege und Erziehung. Parey, Hamburg und Berlin 1991

Wilcox, B., u. Walkowicz, Chr.:
Kynos-Atlas – Hunderassen der Welt. Kynos, Mürlenbach 1990

Adressen

International
Fédération Cynologique
Internationale (F.C.I.)
Rue Leopold II, No. 14
B–6530 Thuin (Belgien)
Tel.: 0032-71-591238
Fax: 0032-71-59 22 29

Deutschland
Verband für das Deutsche
Hundewesen e.V. (VDH)
Westfalendamm 174
D-44141 Dortmund
Tel.: 0231-565000, Fax: 592440

Deutscher Dalmatiner Club
von 1920 e.V. (DDC)
Welpenvermittlung und
Geschäftsführer:
Dipl.-Ing. Alfred Ronneburg
Poppenweiler Str. 16
D-71672 Marbach/Neckar
Tel.: 07144-6346

Club für Dalmatiner-Freunde
e.V. (CDF)
Vorsitzende: Ute Körbs
Lindenstraße 16
D-38271 Baddeckenstedt
Tel.: 05345-558, Fax:1564

Dalmatiner Verein Deutschland
e.V. (DVD)
1. Vorsitzender Günther Vogg
Am Hart 3
D-82256 Fürstenfeldbruck
Tel.: 08141-44561 oder 91424
Fax: 08141-42246

Österreich
Österreichischer Kynologenverband (ÖKV)
Johann-Teufel-Gasse 8
A–1238 Wien
Tel.: 0222-887092
Fax: 0222-88926 21

Österreichischer Dalmatinerclub (ÖDaC)
A–8291 Burgau 75

Schweiz
Schweizerische Kynologische Gesellschaft
(SKG)
Falkenplatz 11
CH–3012 Bern
Tel.: 031-23 58 19

Schweizerischer Dalmatiner-Club
Buchenweg 5
CH–4803 Vordernwald

Register

Zum Thema „Hunde" sind im FALKEN Verlag u. a. bereits erschienen:
„Hundekrankheiten" (Nr. 1604)
„Hundeernährung" (Nr. 811)
„Erfolgreiche Hundeerziehung" (Nr. 4808, auch als Video unter der Nr. 6198 erhältlich)
„Komm! Sitz! Platz!" (Nr. 1469)
„Golden Retriever" (1643)
„Boxer" (1596)

Dieses Buch wurde auf chlorfrei gebleichtem und säurefreiem Papier gedruckt

Die Deutsche Bibliothek – CIP-Einheitsaufnahme

Bielfeld, Horst:
Dalmatiner : Auswahl, Haltung, Erziehung, Pflege /
Horst Bielfeld. – Niedernhausen/Ts. : FALKEN, 1996
    ISBN 3-8068-1757-X

ISBN 3 8068 1757 X

Umschlaggestaltung: Peter Udo Pinzer
Layout: David Barclay, Neu-Anspach
Titelbild und Umschlagrückseite: Horst Bielfeld, Jameln
Fotos: Regina Kuhn, Stuttgart: S. 7; **Peter Heuer,** Langendorf: S. 23 unten; **Regina Kramme,** Leisten bei Schnega: S. 85; alle übrigen Fotos **Horst Bielfeld,** Jameln
Zeichnungen: Gabriele Hampel, Kelkheim/Ts.
Redaktion: Dr. Gabriele Schweickhardt/Walter Spiegl
Produktion und Satz: VerlagsService Dr. Helmut Neuberger & Karl Schaumann GmbH, Heimstetten

Druck: Druckhaus Cramer, Greven

817 2635 4453 6271